中国

U0500730

中国县域商业
发展报告
2023

中国消费大数据研究院 / 中国连锁经营协会 组织编写

陆文婷　徐志轩　齐托托　李　明 ◎ 编著
李晓飞　李林泽　杨　婷　杨烨青

首都经济贸易大学出版社
Capital University of Economics and Business Press
·北京·

图书在版编目（CIP）数据

中国县域商业发展报告 . 2023 / 陆文婷等编著 . -- 北京：
首都经济贸易大学出版社，2023.12

ISBN 978-7-5638-3614-7

Ⅰ . ①中…　Ⅱ . ①陆…　Ⅲ . ①县级经济—商业经济—
研究报告—中国—2023　Ⅳ . ① F727

中国国家版本馆 CIP 数据核字（2023）第 241848 号

中国县域商业发展报告 2023

ZHONGGUO XIANYU SHANGYE FAZHAN BAOGAO 2023

陆文婷　徐志轩　齐托托　李明　李晓飞　李林泽　杨婷　杨烨青　编著

责任编辑	徐燕萍
封面设计	砚祥志远·激光照排　TEL：010-65976003
出版发行	首都经济贸易大学出版社
地　　址	北京市朝阳区红庙（邮编100026）
电　　话	（010）65976483　65065761　65071505（传真）
网　　址	http：//www.sjmcb.com
E-mail	publish@cueb.edu.cn
经　　销	全国新华书店
照　　排	北京砚祥志远激光照排技术有限公司
印　　刷	北京九州迅驰传媒文化有限公司
成品尺寸	170毫米×240毫米　1/16
字　　数	201 千字
印　　张	12.25
版　　次	2023 年 12 月第 1 版　2023 年 12 月第 1 次印刷
书　　号	ISBN 978-7-5638-3614-7
定　　价	68.00 元

中国消费大数据研究院简介

　　中国消费大数据研究院成立于2019年5月，由首都经济贸易大学与蚂蚁商业联盟合作成立。研究院的愿景是成为消费领域内有影响力的研究型智库，致力于建立一个服务于"政府决策、行业发展、企业管理、人才培养、科研创新"的政产学研平台。研究院的使命是提高消费大数据领域科研水平，促进中国消费市场高质量发展。在愿景与使命的驱动下，研究院设理事会、专家委员会及研究中心等机构。研究院下设行业发展、生鲜标准、消费指数、案例与理论、教学与培训等五个研究中心。目前，参与五个研究中心研究工作的专任教师有40余人，来自首都经济贸易大学工商管理学院、统计学院等各个学院。此外，数十名博士后、研究生、校友及校外专业人士也投入研究院的各项工作中。

　　研究院自成立以来，基于蚂蚁商业联盟近10 000家门店的大数据优势，一直致力于消费大数据领域的学术研究、人才培养、咨政建言和服务社会工作，取得了诸多成果，具有较大的社会影响力。研究院连续四年发布消费领域报告，包括《中国自有品牌年度报告》《中国零售行业发展报告》《中国社区商业发展报告》等。与国内知名企业建立消费大数据产学研联合培养实习基地，培养消费及大数据的从业者与科研人员，并向外界开设零售业高管培训班，向社会输出高质量管理人才。依托中国消费大数据研究院，中国高等院校市场学研究会专门成立零售管理专业委员会（中国消费大数据研究院为会长单位），进一步团结高校从事零售领域教学与研究的学者和研究机构，开展学术和教学方面的交流。同时，每年举办多次消费大数据学术会议，为政产学研搭建合作交流的平台。

近年来，研究院始终以服务国家战略与首都功能为目标，在研课题紧跟前沿政策与行业问题，联合中国连锁经营协会和商务部流通产业促进中心，依托大数据集与人工智能技术开展县域商业体系建设研究工作。同时，研究院紧跟人工智能区块链新技术，不断开发消费数据预测与分类智能算法，已在多家零售企业落地，发挥重要商业决策作用。

中国县域商业年度发展报告课题组成员

课题负责人： 陈立平　柳学信

课题协调人： 陆文婷

各章研究人员：

绪　论：齐托托

第一章：齐托托　杨烨青

第二章：李　明　李晓飞

第三章：陆文婷　李晓飞

第四章：李林泽

第五章：杨　婷　杨烨青　李　明

第六章：徐志轩

第七章：徐志轩

○ 总序

　　郡县治则天下安，县域强则国家富。县域位于城乡的交汇点，具有独特的辐射带动作用。县域经济不仅是国民经济的重要组成部分，也是我国乡村振兴和共同富裕等国家战略的重要基石和支柱。我国县域面积占国土面积九成，县域范围内具有相对完备的经济体系和较为丰富的资源要素，产业体系涵盖生产、分配、流通、消费各个环节。据国家统计局数据显示，2023年中国"千亿县"总数达到54个，GDP总量达8.6万亿元，占全国经济总量的7.1%。但目前我国大多数县域经济发展水平仍然偏低、产业发展不充分、增长动能不足，具体表现为产地仓储保鲜设施等现代化基础设施建设较为滞后，发达地区与欠发达地区，县城与乡镇、村落之间的商业设施发展不够均衡，部分偏远农村电商覆盖不足，阻碍了城乡商品双向顺畅流通。因此，要想以县域经济发展助推乡村振兴和共同富裕，就有必要夯实城乡经济循环发展的商业基础设施和支撑体系，完善县域商业体系。

　　县域商业体系是发展县域经济的主引擎，是流通环节的"毛细血管"，也是农产品进城、工业品下乡的重要通路。如何系统性构建县域商业体系是县域经济高质量发展的关键点。一方面，县域商业体系是商品展示和信息交流的平台，对拓展市场空间、挖掘市场价值具有重要意义。眼下一些县域特色产品销售上行的物流压力不小，不利于扩大市场规模，对产业发展能级和质量也有所制约。完善县域商业体系建设，有利于拓展县域特色产品的市场空间，在市场需求释放过程中创新产品、改进技术，形成以销促产、以产促转的良好局面。另一方面，完善县域商业体系，可以丰富县域零售、文化、娱乐、生活服务等业态，提升农产品附加值，为县域居民创造更高质量就业和更多创业机会，推动县域居民收入增加，带动消费需求扩大。

当前我国县域商业体系发展潜力巨大，但是也存在制约发展的问题。新时代县域商业发展的目标和意义是什么？如何发挥资源优势带动乡村振兴？如何系统性衡量县域商业体系的发展成果？如何博采众长，做强做优做大县域商业生态？这是我国高质量发展县域商业亟须解决的重要问题。有鉴于此，中国消费大数据研究院（China Institute of Consumption Big Data）从坚持问题导向出发，聚焦县域商业发展历程、建设思路、对策建议、评价体系、先进案例等核心环节，以县城为中心、乡镇为重点、村为基础提出了县域商业体系的建设路径与评价机制。

中国消费大数据研究院成立于2019年5月，由首都经济贸易大学与蚂蚁商业联盟合作成立。通过结合蚂蚁商业联盟的商业化数据优势和首都经济贸易大学的科研优势，对蚂蚁商业联盟成员企业的大数据资源进行分析和研究，揭示中国社会消费发展的趋势和规律。中国消费大数据研究院作为联结企业、高校和政府的纽带和中枢，致力于解决新发展阶段下中国消费转型升级的系列问题，实现研以致用，服务于企业管理实践和政府决策咨询。中国消费大数据研究院构建了以理事会和学术委员会为主要架构的治理机制，制定了《中国消费大数据研究院理事会章程》和《中国消费大数据研究院专家委员章程》等重要文件，完善了中国消费大数据研究院的组织架构、规划以及工作计划、科研项目管理办法、科研经费管理办法、科研奖励管理办法等制度建设，并根据研究方向和工作安排下设行业发展、生鲜标准、消费指数、案例与理论、教学与培训等五个研究中心。来自首都经济贸易大学从事企业管理、市场营销、财务金融、大数据和统计相关领域的教授、副教授、讲师、博士后和研究生以及校外从事零售和大数据领域相关专家共计50多人投入中国消费大数据研究院的各项工作中。

自成立以来，中国消费大数据研究院陆续发布了《中国自有品牌年度报告》《中国零售行业发展报告》《中国社区商业发展报告》等一系列有社会影响力的报告。《中国县域商业发展报告2023》是我们聚焦县域经济和乡村振兴研究领域的一个有力探索，力图为商业发展和政府决策提供重要参考和指引。同时，我们也通过中国消费大数据研究院创新平台，打通高校人才培养和科学研究与社会发展和企业实践的隔阂，将社会需求和技术发展融入我们的人才培养过程，通过提供研究数据和案例让我们的学术研究更好地服务于国家战略和社会需求。目前，中国消费大数据研究院已经成为首都经济贸易大学工商管理学科服务中国商业发展的高端智库以及培养专业人才的重要平台。作为国内首家专门致力于消费大数据研究的平台，中国消费大数据研究院连续举办了多次高水平学术研讨会，促进政府、研究机构、行业和企业之间的沟通和交流，更好地服务于我国零售行业的高质量发展。未来，中国消费大数据研究院将继续深耕学术研究，持续发挥智库作用，推动政、产、学、研深度融合，推动中国零售行业健康发展，为促进中国经济高质量发展贡献力量。

首都经济贸易大学工商管理学院院长

中国消费大数据研究院院长

柳学信

前言

县域是我国承上启下的重要行政单元，是联结城乡的纽带，是国民经济的基础领域，也是连接农产品、工业品流通城乡的关键节点。县域商业体系是县域经济社会共同体的重要组成部分，依托村庄、乡镇和县城展开，在县域的经济社会生活中发挥着重要作用。习近平总书记在深入县域调查基础上多次强调，"县一级处在承上启下的关键环节，是发展经济、保障民生、维护稳定、促进国家长治久安的重要基础"。2021年，商务部联合15部门发布《县域商业建设指南》，我国县域商业建设工作在两年中稳步推进，目前已取得初步成效。2022年，政府工作报告指出，要充分发挥县域的载体作用，加强县域商业体系建设和壮大县域经济，推进城乡融合高质量发展。

基于上述研究背景，为深入了解县域商业体系建设及相关政策的实施情况，中国消费大数据研究院县域商业年度报告课题组于2023年7月至10月先后多次前往华北、华中和华东等地区进行了考察调研，就各级政府和商务局贯彻落实县域商业政策的现状以及在落实县域商业政策过程中遇到的困惑进行了深入的交流。在实地调研的基础上，课题组结合政府部门发布的官方资料以及国内外相关研究现状，推出《中国县域商业发展报告2023》，力求全面、翔实和准确地展现中国县域商业的发展历程和现状，阐述县域商业体系建设的背景、意义、特点、内容、当前存在的问题及对策建议，并从县域商业体系建设评价指标、代表性案例和国外经验等方面为县域商业助力国家战略实施、践行乡村振兴和畅通城乡经济双向循环提供方法和工具。报告共分为七章，各章的主题和要点如下：

第一章系统梳理了中国县域商业建设经历的三个阶段：一是万村千乡市场工程——县域商业的转型发展阶段；二是电子商务进农村综合示范——县域商业的迭代创新阶段；三是县域商业体系建设——县域商业的深入推进阶段。上述县域商业的三个不同阶段存在着层层递进、环环相扣的紧密联系。首先，万村千乡市场工程中的资金浪费问题为县域商业体系建设提供了经验教训；其次，电子商务进农村综合示范项目解决了农村电商发展的难题，为当前县域商业体系建设以高水平科技支撑引领高质量县域商业发展奠定了前期基础。

第二章的主题是县域商业体系建设概述。本章首先论述本次县域商业体系建设的背景和意义，然后系统梳理国家和地方政府出台的一系列县域商业建设政策，最后总结归纳县域建设特点、县域商业建设内容，以及其中涉及的资金安排和项目保障制度。通过对本次县域商业体系建设内容的系统梳理，总结归纳出本次县域商业体系建设具有覆盖面广、层次分明、形式多样，注重资源整合、统筹推进、效率提升，凸显可持续性发展以及强调数字化、智能化改造等特点。

第三章的主题是县域商业体系建设存在的问题及对策建议。本章基于课题组实地调研、国内外相关研究现状以及结合政府部门发布的官方资料，从网点布局、功能业态完备、市场主体多元、双向物流畅通、消费安全与便利以及政策执行六个方面系统梳理了我国县域商业体系建设中存在的问题。针对上述问题，本章从补齐县域商业基础设施短板、延伸网点功能业态、改善优化县域消费渠道、畅通农产品上行路径、提高生活服务供给质量以及政府牵头、龙头零售企业参与县域商业政策执行六个方面提出了县域商业体系建设重点工作的具体对策和建议。

第四章的主题是县域商业体系建设评价指标，包括县域商业建设指标和县域商业市场表现指标，以构成县域商业建设的综合评价体系。在县域商业建设指标方面，整理国家相关部门关于县域商业建设意见以及指南，归纳出约束指标、自选指标与建设类型等三类硬指标。同时，基于中国消费大数据研究院县域商业数据，依托大数据技术，提出县域商业建设行动完成后市场表现的软性评价指标，即景气指数，包括价格指数、丰富指数以及活跃指数。

通过构建软硬结合评价体系，对各省县域商业建设体系做出评价。

第五章的主题是县域商业体系建设的代表性案例，包括北京大星发、安徽安德利、安徽生鲜传奇三个区域连锁零售企业。本章分别探讨和总结了各个代表性案例企业如何因地制宜、深入挖掘县域市场潜力的成功经验，为县域商业体系的建设者提供实践层面的启发与建议。分析发现，县域大型零售平台是推动"县—乡—村"三级县域商业体系铺设、工业品下行和农产品上行的关键力量，地方政府与大型零售企业的协同合力至关重要。

第六章的主题是对日本在县域商业发展建设中历史经验的总结和借鉴。在日本县域商业发展历史经验借鉴方面，本章深入收集了日本县域商业振兴的典型案例和成功策略，包括御手洗町的"集体记忆"保护，越后地区经济的"春季复苏"，以及船纳西的粉丝经济和熊本熊的全球热潮等，从案例视角揭示了日本企业和居民在县域商业体系建设中的经典做法。此外，本章还对日本县域商业振兴的典型策略进行了总结和归纳，具体分为四个方面：一是"自下而上"的文化挖掘有利于县域商业的可持续发展；二是打造热门IP形象结合数字化传播有利于提升县域知名度；三是以当地老龄化居民和游客为核心的基础设施改善与公共服务提供；四是挖掘支撑县域商业发展的特色产品和品牌，共同助力县域商业的振兴。

第七章的主题是对我国县域商业体系建设的总结与展望。本报告从县域商业体系建设对县域企业发展的促进、区域经济发展的促进和县域居民个人发展的促进这三个方面进行了全面深入的总结。在未来趋势展望方面，本报告详细梳理了县域商业未来在人工智能和数字化、品牌和创意经济、农业在地化、文旅和养老产业布局以及绿色生态方面的发展趋势，并结合上述趋势对我国未来县域商业体系建设工作提出了具体建议。

本书是集体智慧的结晶，研究院中国县域商业年度发展报告课题组成员陆文婷、徐志轩、齐托托、李明、李晓飞、李林泽、杨婷和杨烨青共同完成了报告的构思、撰写和修改工作。另外，首都经济贸易大学工商管理学院耿艳美、刘思敏、李凌晨、王威、牟峪卉、郑宇、何春霞、潘奕宁等同学参与了报告资料的收集、数据的整理、文本的校对和调整等工作，在此深表谢意！同时，感谢中国消费大数据研究院和蚂蚁商业联盟提供部分数据，感谢中国连锁经营协会在本报告撰写过程中的参与和帮助。

　　本书是中国县域商业年度发展报告的第一本，尽管进行了统筹安排，但由于第一次对我国县域商业进行全面系统梳理，书中存在问题和错误在所难免，诚挚欢迎读者批评指正。在后续的年度发展报告中我们希望能够更加聚焦县域商业的最新实践进展，促进我国县域商业理论与实践的融合。

中国消费大数据研究院中国县域商业年度发展报告课题组组长

陆文婷

2023 年 11 月于首都经济贸易大学

○ 目录

○ 绪　论

　　县域涵盖城镇与乡村，是承上启下、沟通条块、连接城乡的枢纽，是我国经济发展和社会治理的基本单元。县域流通串起生产与消费，对推动县域商业内需潜力释放具有重要意义。2023年1月31日，习近平总书记在主持二十届中央政治局第二次集体学习时强调，充分发挥乡村作为消费市场和要素市场的重要作用，全面推进乡村振兴，推进以县城为重要载体的城镇化建设，推动城乡融合发展，增强城乡经济联系，畅通城乡经济循环。在向第二个百年奋斗目标迈进的新征程中，推进县域商业体系建设，既是我国国民经济结构战略性调整的重要抓手，也是乡村振兴和新型城镇化的必然选择，对于社会主义现代化国家建设全局具有重大现实意义和深远历史影响。

　　把县域商业作为关键抓手，出于以下三个方面的考虑：

　　一是县域处在承"城"启"乡"的关键环节。2021年，我国县域人口达10.26亿人，约占全国总人口的72.6%；县域地区生产总值560 916亿元，约占全国地区生产总值的49%。无论从人口体量还是经济体量，县域都是国民经济和社会发展的重要支撑。更为重要的是，县域是基层治理重要场域，起着承接城市辐射、带动乡村发展的重要接点作用，特别是乡镇和村落的发展，对县域依赖性较强。因此，改善县域消费环境、促进农村消费，是拉动内需、支持乡村振兴的重要举措，潜力巨大。

　　二是县域商业发展具有巨大的市场潜力。县一级在发展经济、保障民生方面发挥着重要作用。习近平总书记强调，构建新发展格局，把战略基点放在扩大内需上，农村有巨大空间，可以大有作为。据商务部流通发展司司长刘德成介绍，随着农民收入水平的稳步提升，农村消费规模水涨船高。据国家统计局发布的《中华人民共和国 2022 年国民经济和社会发展统计公报》，2022 年乡村消费品零售额 59 285 亿元。据国家统计局发布的《2023 年上半年居民收入和消费支出情况》，城镇居民人均可支配收入 26 357 元，实际增长4.7%；农村居民人均可支配收入 10 551 元，实际增长 7.2%。农民人均收入增加，购买力提升。据国家统计局发布的数据，2023 年上半年城镇居民人均消费支出 15 810 元，实际增长 7.0%；农村居民人均消费支出 8 550 元，实际增长7.9%。农村居民人均可支配收入和人均消费支出的实际增速均高于城镇居民。农村消费强劲为县域商业体系建设提供了重要动能。

三是县域商业体系存在短板弱项。县域商业是农村商业的重要组成部分，是农村经济社会发展的重要支撑，是促进城乡融合发展的重要纽带，是满足农民多样化消费需求的重要渠道。我国高度重视县域商业发展，将其作为全面推进乡村振兴的重要任务之一。然而，县域商业设施不够完善、消费环境有待改善、优质产品供给不足等，影响了乡村消费潜力的进一步释放。因此，要把县域作为统筹商业发展的重要切入点，补齐县域商业体系短板，打通农村消费脉络，才能促进农民收入持续较快增长，农村消费潜力才会进一步得到释放。

县域商业是以县城为中心、乡镇为重点、村为基础，实现商品流通的经济活动。以我国发布的县域商业相关政策为依据，本报告认为，县域商业具有以下典型特征：一是以县乡村商业网络体系和农村物流配送"三点一线"为重点；二是以供应链、物流配送和商品服务下沉为主线；三是以完善县域农产品上行、工业品下行的基础设施和网点布局为中心。

县域商业发展是县域跨越式发展、城乡融合发展的重要内容，也是畅通国内大循环、推进共同富裕的必然要求。县域商业发展具体涵盖以下五个方面内容：一是提升工业品下行能力。支持日用消费品、家电、家居等品牌企业下沉供应链，提供直供直销、集中采购等服务，增加优质工业品供给，推动城乡居民共享高品质消费。二是提升农产品上行能力。支持建设一批农产品分拣、初加工等商品化处理设施，带动农民增收。三是完善县乡村三级物流配送体系。支持建设改造一批县级物流配送中心和乡镇快递物流站点，发展共同配送。四是促进县域商业连锁化发展。引导大型连锁流通企业下沉，改造一批县城综合商贸服务中心、乡镇商贸中心、村级便利店，发展购物、餐饮、娱乐等多种业态，吸引市民下乡和农民进城消费。五是加快县域商业数字化转型。推动农村传统商贸企业拓宽线上、线下营销渠道，打造消费服务的新场景。推动电子商务与休闲农业、乡村旅游等融合，强化数字赋能，促进产业发展和农民增收。

目前全国多地在深刻理解县域商业发展内涵的基础上，加快推进县域商业体系建设。例如，安徽肥东县通过数字化转型助力县域消费升级。在《县域商业三年行动计划（2023—2025年）》指导下，安徽肥东聚焦消费增长点，从农村电商示范项目发力，通过农村电商、数商兴农等措施，已建成运营4个电商产业基地，其中1个国家级电子商务示范基地、2个省级电子商务示范园区、1个市级跨境电商产业园，成功培育了合肥荣电为国家级电商示范企业、商务部数字商务企业，全面优化了县域商业流通环节。河南淇县完善县乡村三级物流配送体系：一是龙头带动，全县共培育快递物流企业42家，年收发快递数量突破9 000万件，年货物吞吐量3 000万吨；二是体系支撑，依托县、乡、村三级电商服务体系，购置了全自动智能快递分拣线及相关配套设施，整合全县邮政、"三通一达"、万村千乡等各类资源，建成数据互联的县级快递统仓共配中心，形成"电商+快递+供应链"的发展模式；三是末端覆盖，深入推进"快递进村"工程，启动"快商合作""快快合作"模式，合作建设村级电商快递e站，确保乡村快递24小时内完成配送。陕西淳化县积极尝试"荞麦"农产品上行。一是推动第一产业规模增长，加大补贴调动群众种植荞麦积极性，扶持7 100户群众发展荞麦种植4万亩，产量达到1 200万斤；二是推动二产扩产能，出台招商引资优惠政策和奖励办法，先后引进淳荞菇、丝路兴淳等10多家深加工企业，推动荞麦功能性产品研发；三是推动三产提效益，线下发展"荞乡遇"淳化饸饹、"卜家乡村饸饹"等加盟连锁店近100家，新发展饸饹餐饮店240家。线上打响"一碗淳化荞面饸饹"品牌，发展荞麦产品线上销售门店30多家，2022年实现销售额过亿元。

第一章　县域商业的发展历程

通过梳理我国政策和商业实践的发展脉络，本报告将中国县域商业建设的发展历程总结为三个阶段：①万村千乡市场工程——县域商业的转型发展阶段；②电子商务进农村综合示范——县域商业的迭代创新阶段；③县域商业体系建设——县域商业的深入推进阶段。

一、万村千乡市场工程——县域商业的转型发展阶段

"万村千乡市场工程"是县域商业的转型发展阶段。"万村千乡市场工程"旨在针对我国农村市场现状，在农村逐步推行连锁经营，用现代流通方式改造农村商业网点，构建以城区店为龙头、乡镇店为骨干、村级店为基础的农村流通网络，满足农民生产生活需求，改善农村消费环境，促进农业产业化发展（赵晓颖，2013）。本报告按照"万村千乡市场工程"实施进程划分为三个时期：探索实践，初见成效时期（2005—2007年）；巩固成果，深入推行时期（2008—2012年）；巡查问题，专项整治时期（2013—2014年）。

（一）探索实践，初见成效时期（2005—2007年）

2005年2月6日，商务部下发《关于开展"万村千乡"市场工程试点的通知》，正式启动"万村千乡"市场工程，力争用三年时间，在试点区域内培育出25万家左右农家店，使标准化农家店覆盖全国50%的行政村和70%的乡镇；到2010年，覆盖65%以上的行政村和85%以上的乡镇。2005年6月28日，商务部发布《农家店建设与改造规范》。该规范规定了农村村级农家店和农村乡

级农家店的基本特征、经营设施设备和经营管理的基本要求，适用于农村村级农家店和农村乡级农家店的建设、改扩建及其经营管理。为一步做好农村商品流通工作，建立和完善农业生产资料产品经营网络，2005年农资农家店纳入"万村千乡市场工程"试点范围。2005年10月11日，商务部发布的《农资农家店建设与改造规范》规定了农村村级农资农家店和乡级农资农家店的规模、经营设施、设备和经营管理基本要求，适用于农村村级和乡级农资农家店的建设、改扩建及管理。

2006年2月13日，商务部发布《关于继续实施"万村千乡市场工程"的通知》。文件提出，2006年力争建成10万家标准化农家店，在县及县以下地区建立配送中心；在乡、村两级建设日用消费品农家店、农业生产资料农家店，建设标准分别符合《农家店建设与改造规范》《商务部关于印发〈农资农家店建设与改造规范〉的通知》的要求。为从资金管理层面加快推进农村流通体系建设，开拓农村市场，扩大农村消费，2006年4月30日，商务部、财政部联合出台《关于做好2006年度"万村千乡市场工程"资金管理工作的通知》。商务部在"万村千乡市场工程"工作中，坚持高标准、高质量，多次下发文件，对企业准入、建设规划、项目验收、管理制度等做出了全面具体的规定。但是根据群众举报和商务部门检查，少数地区存在着项目改造不规范、疏于质量监管、验收把关不严的情况，在社会上造成了不良影响。为进一步提高"万村千乡市场工程"项目建设质量，2006年11月8日，商务部发布《关于加强"万村千乡市场工程"项目建设质量的通知》。该通知提出四项建议：进一步提高思想认识；加强项目建设的验收工作；切实把握农家店验收的标准；严肃查处各种违规行为。2007年我国全面推进"万村千乡市场工程"，进一步加快农村流通体系建设。2007年2月1日，商务部发布《关于做好2007年"万村千乡市场工程"工作的通知》。2007年"万村千乡市场工程"工作目标是新建10万个连锁化农家店，到2007年底全国累计建设25万个连锁化农家店，覆盖75%以上的县市，完成"万村千乡市场工程"三年工作目标。着力减轻农家店税费负担，创造良好的长期发展环境；扩大农家店商品和服务经营范围，消除各类政策性障碍，增加农家店销售额；充分发挥第三方物流企业及大型流通企业的配送优势，切实提高农村商品配送率；组织开发适合农村市场的商品，确保农村流通的商品质优价廉。

（二）巩固成果，深入推行时期（2008—2012年）

经过前三年"万村千乡市场工程"的稳步开展，农业生产资料经营网络初步建成。为总结前三年"万村千乡市场工程"经验，进一步推进农村现代流通网络建设，建立健全适应现代农业发展要求的大市场、大流通，促进农业发展农民增收，2008年2月22日，商务部发布《关于做好2008年"万村千乡市场工程"工作的通知》，提出五个工作方向：做好建设规划工作；做好承办企业审核工作；做好"一网多用"工作；做好项目质量管理工作；做好调研培训工作。2009年4月13日，商务部和财政部联合发布《关于加快实施"万村千乡市场工程"的通知》，计划进一步扩大"万村千乡市场工程"覆盖面；强化农村商品配送中心的商品采购、储存、加工、编配、调运、信息等功能，增加统一配送商品品种，提高配送能力和信息化水平，降低经营成本；推进"万村千乡"网络与供销、邮政、电信等网络的结合，提高农家店综合服务功能；引导生产企业开发符合农民消费特点的产品，更好地满足农村居民消费需求。为提升农村流通网络信息化水平，建设农村现代流通体系，2011年7月16日，商务部发布《"万村千乡市场工程"信息化改造试点方案》。方案提出，以提高农村流通网络现代化程度，增强"万村千乡市场工程"承办企业市场竞争力为目的，坚持企业主体、市场导向、政府推动的原则，科学规划、择优选择、落实责任、加强宣传、突出重点、逐步推进，扎实做好"万村千乡市场工程"信息化改造试点工作。

2012年是实施"十二五"规划纲要承上启下的重要一年，是我国发展进程中具有特殊重要意义的一年。做好"万村千乡市场工程"工作，进一步搞活农村流通，对改善农村消费环境、维护农民切身利益、构建社会主义和谐社会具有重大意义。2012年3月5日，财政部和商务部联合发布《关于2012年开展万村千乡市场工程有关问题的通知》，把2012年作为"万村千乡市场工程"的强网促优年，决定继续支持建设"万村千乡市场工程"。一是培育大型"万村千乡市场工程"企业；二是发展多级物流配送体系；三是推进农村流通信息化；四是着力保障商品质量安全（常晓村，2012）。同时，继续建设"万村千乡"农家店，提高网点覆盖率。为推进农村流通体系与城市蔬菜流通网络建设，布置2012年"万村千乡市场工程"、城市便民菜场试点工作，商务部于2012年4月9日至10日在湖北省武汉市召开万村千乡市场工程暨城市便民菜场试点工作启动会。启动会上强调，地方各级商务主管部门务必充分认识"万村千乡市场工程"的极端重要性，把质量建设提高到贯彻落实中央精神、促进"三农"问题解决的高度，以高度的责任心和使命感加强"万村千乡市场工程"项目质量管理，正确处理好局部和整体、数量和质量、近期和长远的关系，形成提高项目建设质量的长效机制。

（三）巡查问题，专项整治时期（2013—2014年）

结合党的群众路线教育实践活动整改，商务部针对"万村千乡市场工程"存在的问题，于2013年6月开始开展第三方机构绩效评价，对违规验收项目予以纠正，对虚报冒领、骗取补贴的行为进行处理。并在2013年调整了"万村千乡市场工程"政策的支持方向，以提升质量水平为首要目标，集中资金支持薄弱环节，重点支持大型、示范性项目。

针对中央第一巡视组反馈意见中指出的"万村千乡市场工程"存在的问题，2014年3月初，商务部办公厅印发了《关于集中清理整治"万村千乡市场工程"存在问题的通知》，对2005年以来所建"万村千乡市场工程"项目进行集中整治，部署各地认真开展自查、整改和绩效评价，进一步明确了地方商务主管部门在项目实施过程中的项目主体责任。此次集中清理整治包括将存在重复、虚报冒领国家补贴等违规行为的企业列入黑名单；列出关闭农家店清单；对存在不符合农家店改造和管理规范，销售假冒伪劣商品和过期食品等不良行为的企业进行针对性整改；将未达到国家统一配送率要求的农家店列入黑名单；对经营不善、形象差和已关闭的农家店撤销"万村千乡"专用标识等五项重点内容。

二、电子商务进农村综合示范——县域商业的迭代创新阶段

电子商务进农村综合示范是县域商业的迭代创新阶段。电子商务进农村综合示范是以工业品下乡、农产品进城为主要任务，依托万村千乡市场工程、邮政、供销及龙头流通企业、电商企业来着力建设数字乡村、打造农村电子商务的方式。农村电子商务平台主要是配合密集的乡村连锁网点，以数字化、信息化的手段，通过集约化管理、市场化运作、成体系的跨区域跨行业联合，

构建紧凑而有序的商业联合体，降低农村商业成本，扩大农村商业领域，使农民成为平台的最大获利者，使商家获得新的利润增长（何珮珺，2023）。自2014年电子商务进农村综合示范项目启动至今，示范县按年度分批次推进政策实施，不同时期呈现出不同的特点。按照电子商务进农村综合示范政策侧重点可以分为三个时期：试点先行，电商发展时期（2014年）；稳步推进，电商扶贫时期（2015—2019年）；提速升级，电商富农时期（2019—2022年）。

（一）试点先行，电商发展时期（2014年）

为了打赢脱贫攻坚战，中国政府做出了大量卓有成效的努力。随着信息通信技术的发展及其在农村地区的广泛使用，各级政府与时俱进，希望通过推动农村地区电子商务的发展来促进农村经济发展，实现农民增收并助力扶贫攻坚。于是，财政部、商务部在2014年7月首次联合印发《关于开展电子商务进农村综合示范的通知》，正式提出电子商务进农村综合示范项目，为示范县提供充足的资源保障，以推动农村地区电子商务的快速发展，大力开启电子商务进农村的进程。根据政策规定，每个示范县可获得2 000万元左右的中央财政和地方配套财政资金。这一时期的主要任务是完善农村物流服务体系，建立农村产品电子商务供应链体系，建立完善农村电子商务公共服务体系。为提高政策执行效果，商务部开展绩效评价工作，对成绩优秀地区加大支持力度，而对不合格地区予以处罚直至取消示范资格。2014年在江西、河北、黑龙江、河南、湖北、江苏、安徽、四川共8个省份选取56个县进行试点。

（二）稳步推进，电商扶贫时期（2015—2019年）

我国政府高度重视农村电商在助力贫困地区脱贫中的作用。2015年1月，电商扶贫被国务院扶贫办列为精准扶贫十大工程之一，这是国家有关部门首次提出"电商扶贫工程"。2015年2月，中央一号文件提出，支持电商、物流、商贸、金融等企业参与涉农电子商务平台建设，开展电子商务进农村综合示范。2015年2月16日，交通运输部、农业部、供销合作总社、国家邮政局四部门联合发布《关于协同推进农村物流健康发展　加快服务农业现代化的若干意见》，指出农村物流对于促进农业现代化、改善城乡居民生活水平、降低社会物流成本具有不可替代的作用，同时提出积极推广农村电子商务，以县、乡、村三级节点构建农村物流基础设施网络，为农村物流的发展指明了战略方向。2015年7月，财政部、商务部公布电子商务进农村综合示范工作的200个示范县名单，国家的支持将给这些县的电子商务和物流发展带来前所未有的驱动力。中央财政计划安排20亿元专项资金进行对口扶持，发展当地农村电子商务，资金的使用重点向建设县、乡、村三级物流配送体系倾斜。国家希望通过财政资金的引领、鼓励，带动更多企业和社会资本进入农村电商领域，培育农村电商生态环境。每个试点县将获得拨款1 000万元，考核达到要求的示范县在2016年将继续获得扶持。2015年11月，中共中央、国务院发布《关于打赢脱贫攻坚战的决定》，提出实施电商扶贫工程。具体包括：加快贫困地区物流配送体系建设，支持邮政、供销合作等系统在贫困乡村建立服务网点；支持电商企业拓展农村业务，加强贫困地区农产品网上销售平台建设；加强贫困地区农村电商人才培训；对贫困家庭开设网店给予网络资费补助、小额信贷等支持。

2016年11月，国务院扶贫办等16个部门发布了《关于促进电商精准扶贫的指导意见》，旨在以贫困县、贫困村和建档立卡贫困户为重点，通过电商促进贫困地区特色优质农副产品销售和贫困人口增收脱贫。该指导意见提出"三重全覆盖"的总体目标：一是对有条件的贫困县实现电子商务进农村综合示范全覆盖；二是对有条件发展电子商务的贫困村实现电商扶贫全覆盖；三是第三方电商平台对有条件的贫困县实现电商扶贫全覆盖。在中共中央、国务院《关于打赢脱贫攻坚战的决定》等政策部署下，2016年起示范项目开始由财务部、商务部联合国务院扶贫办共同实施，项目实施区域向中西部省份倾斜，随着"精准扶贫"工程的全面推进，电商扶贫被纳入扶贫重点支持项目，电商示范项目开始向贫困县重点倾斜，支持符合一定条件的国家级贫困县全部入选。主要目标、重点支持领域和重点帮扶对象愈加突显电商精准扶贫功能。在这一时期，主要目标是脱贫攻坚，中央财政资金支持主要聚焦于农产品上行，重点帮扶对象是建档立卡贫困村、贫困户（王鹤霏，2018）。国务院办公厅自2018年起，将该政策纳入30项重大政策督查激励列表中。到2019年已实现全国832个国家级贫困县全覆盖。目前该项目每年仍在实施中，并逐渐从电商扶贫向巩固拓展脱贫攻坚成果、推进乡村振兴过渡。

（三）提速升级，电商富农时期（2019—2022年）

随着乡村振兴战略的提出，电商示范项目开始从精准扶贫向巩固拓展脱贫攻坚成果与乡村振兴有效衔接转变，其指导思想强调，充分运用电商发展成果，以信息化驱动农业农村现代化。农产品电商特别是生鲜农产品连续多年以高于电商整体增速快速增长，成为电子商务发展新的增长点，在促进农产品产销衔接、推动农业转型升级、助力农民脱贫增收等方面，发挥显著作用。但农产品网络零售额占农业总产值的比例还较低，农产品电商的潜力还没有充分释放，与农民发展生产、市民消费升级的需求相比还存在较大差距。当前制约农产品电商发展的瓶颈，主要是初级农产品向适合网络销售的农产品转化困难，以及农产品物流成本偏高。

基于此背景，2019年12月16日农业农村部、国家发展改革委、财政部、商务部联合向各省、自治区、直辖市人民政府和国务院有关部门发布《关于实施"互联网+"农产品出村进城工程的指导意见》。"互联网+"农产品出村进城工程是党中央、国务院为系统解决农产品"卖难"问题、加快农产品上行、实现优质优价带动农民增收，从工程实施层面作出的重大决策部署，作为数字农业农村建设的重要内容，也是实现农业农村现代化和乡村振兴的一项重大举措。该指导意见指出，在工程实施过程中，各地要着重抓好五个关键环节：一是以特色产业为依托，打造优质特色农产品供应链体系；二是以益农信息社为基础，建立健全农产品网络销售服务体系；三是以现有工程项目为手段，加强产地基础设施建设；四是以农产品出村进城为引领，带动数字农业农村建设和农村创业创新；五是以健全机制为保障，合力推进工程实施。2020年8月24日，根据《关于实施"互联网+"农产品出村进城工程的指导意见》《"互联网+"农产品出村进城工程试点工作方案》，在自主申报、省级推荐、专家评审的基础上，农业农村部推选了110个县（市、区）作为"互联网+"农产品出村进城工程试点县。随着2021年1月国务院扶贫办改组为国家乡村振兴局，该项目由财政部、商务部和国家乡村振兴局共同实施。

2022年2月22日发布的中央一号文件《中共中央 国务院关于做好2022年全面推进乡村振兴重点工作的意见》中提出：实施"数商兴农"工程，推进电子商务进乡村。"数商兴农"工程由商务部牵头实施，是电子商务进农村综合示范工程的进一步升级，进一步加大农村互联网与物流基础设施建设，提高农村电商及物流站点覆盖率，打通提升农村市场流通网络，促进农产品产销紧密衔接。2022年4月20日，国务院办公厅印发的《关于进一步释放消费潜力促进消费持续恢复的意见》指出，深入实施"数商兴农"工程和"互联网+"农产品出村进城等工程，进一步盘活供销合作社系统资源，引导社会资源广泛参与，促进渠道和服务下沉。由此可见，这一时期，农村电商已成为促进乡村产业升级、推动农村经济发展、助力乡村振兴战略实现的新引擎。

三、县域商业体系建设——县域商业的深入推进阶段

县域商业体系建设是县域商业的全面布局阶段。我国自2021年起重提县域商业，将加快发展县域商业摆在关键战略地位，原因如下：一是"十四五"时期是我国在全面建成小康社会、实现第一个百年奋斗目标之后，乘势而上开启全面建设社会主义现代化国家新征程、向第二个百年奋斗目标进军的第一个五年。在"两个一百年"历史交汇点上，我国加强县域商业体系建设，事关乡村振兴发展战略，也是畅通国内循环的有效之举。二是面对我国经济增长的需要，完善县域商业建设带动乡镇和村两级消费市场发展的重要意义正日益凸显。持续释放消费潜力不能依赖于短平快的刺激消费政策，而需政府在供给侧发力，完善县域商业体系，形成良好的消费环境。三是尽管当前县域商业发展迅速，县域商业体系建设工作已取得初步成效，在脱贫攻坚和乡村振兴中发挥了积极作用，但目前县域商业体系还存在短板，商业发展依然滞后，突出表现在商品和服务供给不足，县域商业经济体系小、散、杂等，缺乏规模经济，农村商业设施水平低等方面，与构建新发展格局要求还存在差距。

自2021年以来，我国出台的一系列政策加快推动县域商业体系建设步伐，明晰县域商业高质量发展的路径，坚持问题导向，补齐县域商业发展短板，以渠道下沉为主线，推动农村消费进一步恢复和扩大，更好助力乡村振兴（张茂魁，2021）。2021年，我国立足新发展阶段，构建新发展格局。2021年是"十四五"开局之年，加快推动县域商业体系建设步伐，对全面推进乡村振兴、推动城乡融合发展、全面促进农村消费，为全面建设社会主义现代化国家开好局、起好步，具有十分重要的意义。2021年我国多次部署县域商

业体系建设。2021年1月5日，商务部等12部门印发《关于提振大宗消费重点消费促进释放农村消费潜力若干措施的通知》，强调通过完善农村流通体系和加强县域乡镇商贸设施，补齐农村消费短板弱项。2021年2月21日，发布21世纪以来第18个指导"三农"工作的中央一号文件《中共中央 国务院关于全面推进乡村振兴加快农业农村现代化的意见》。该意见着重提出，立足县域布局特色农产品产地初加工和精深加工，建设现代农业产业园、农业产业强镇、优势特色产业集群，实现巩固拓展脱贫攻坚成果同乡村振兴有效衔接。

2021年4月27日召开的国务院常务会议再次把目光聚焦到县域商业体系建设上，对加强县域商业体系建设作出详细部署，为市场主体投资县域商业指明方向，有利于促进农村流通、拉动县域经济投资、提高农民收入、促进农村消费。一要把县域作为统筹农村商业发展的重要切入点，充分发挥市场主体作用，支持改造提升县城商业设施，促进县乡村商业网络连锁化。二要鼓励企业开发适合农民需要的产品和服务。三要加快推进农产品品质提升和标准化生产，支持建设产地专业市场，扩大农村电商覆盖面，促进农户与市场有效对接。四要完善对县域商业设施建设的用地、金融等政策支持。

2021年5月19日，国务院新闻办公室举行的国务院政策例行吹风会再次强调促进流通畅通和农民收入、农村消费双提升的重要地位。会上，商务部副部长王炳南介绍，"十四五"时期农村流通工作力求"四个突出"。一是突出把县域作为切入点。县是我国承上启下的重要行政单元，是发展经济、保障民生的关键环节。我国有2.1万个镇，当前农民消费主要集中在镇。"十四五"时期，把县域作为农村商业的切入点，不仅包括乡和村，还要包括镇，强化县城的中心地位，发挥镇的重要节点功能。二是突出下沉和上行两个重点。"下沉"就是引导推动城市的生产流通企业下乡，带动新产品、新服务、新技术、新理念下乡，让农民在家门口就能享受与城市同样水平的消费环境、同样质量的商品、同样标准的服务。"上行"就是推动农产品进城，减少流通环节，培育农产品品牌，增加农民收入，让城市消费者获得质量更优、价格合理的农产品。三是突出现代流通体系。建设农村商业体系，必须贯彻新发展理念，把农村现代流通体系作为方向。通过推进信息化、标准化、集约化、规范化，统筹软硬件建设，补齐农村商业短板，改变农村商业落后面貌，提高农村商业发展水平。不搞低水平的重复建设，更不允许搞无序不公平竞争。四是突出农民收入、农村消费双提升。农村流通连接生产与消费，而乡镇和村两级消费市场占我国消费市场总体的38%，具有巨大潜力。健全农村现代商业体系，既要在个体层面，提高农民收入，增强农民获得感、幸福感；也要在宏观层面，扩大农村消费，形成强大国内市场（孙永立，2021）。

为明确"十四五"时期县域商业体系建设的总体目标、任务和政策机制，2021年6月11日，商务部等17部门联合发布《关于加强县域商业体系建设促进农村消费的意见》（以下简称《意见》）。《意见》分为10个部分，围绕"健全农村流通网络""加强市场主体培育""丰富农村消费市场""增强农产品上行能力""完善农产品市场网络""加强农业生产资料市场建设""创新流通业态和模式""规范农村市场秩序和加强市场监管"、"完善政策机制"等核心方向提出31条指导意见。商务部流通发展司负责人在解读《意见》时表示，针对东中西部消费特点、南北方地区差异性，发展县域商业时要坚持因地制宜、实事求是；坚持分层分类，坚持下沉和上行相结合；在完善县乡村三级商业网络的同时，推动县域产业发展，吸引更多人才回乡创业就业。《意见》的实施将有力地完善县域商业体系建设，释放农村消费潜力，将我国超大国内市场优势切实发挥出来，最终为构建新发展格局夯实基础。

县域商业体系建设是解决"三农"问题的关键。"十四五"时期"三农"工作重心历史性转向全面推进乡村振兴，加快中国特色农业农村现代化进程。2021年11月12日，国务院正式发布《"十四五"推进农业农村现代化规划》（以下简称《规划》）。《规划》在部署全面推进乡村振兴战略的同时，提出了推动城乡融合发展、推进县镇村联动发展和优化农村消费环境等与县域商业体系建设密切相关的具体举措。

为进一步指导和规范各地县域商业体系建设、促进农村消费工作，商务部等15部门于2021年12月2日正式印发《县域商业建设指南（2021版）》（以下简称《指南》）。《指南》从适用范围、建设目标和基本原则三个角度，对县域商业体系建设进行总体介绍，并从县域商业网络体系、农村电商和物流、农产品流通、农村市场主体、农村市场监管、工作保障机制六个方面，对县域商业体系建设重点工作的主要功能、建设规模、设施设备等，以及地方工作保障机制等进行规范。

2022年，我国聚焦于县域商业体系建设中长期存在的市场流通的短板弱项，精准发力，力图破解县域商业发展过程中的突出问题。2022年2月22日发布的中央一号文件《中共中央 国务院关于做好2022年全面推进乡村振兴重点工作的意见》，提出实施"数商兴农"工程、"快递进村"工程、"互联网+"农产品出村进城工程，加强县域商业体系建设。三大工程强基固本，投入、支持力度不断加大。"数商兴农"工程由商务部牵头实施，着眼于改善乡村流通基础，促进产销衔接。"快递进村"工程由国家邮政局牵头实施，重点是乡村快递物流体系建立和完善，2021年快递进村比例超过80%，按照《快递进村三年行动方案（2020—2022年）》，2022年实现行政村快递直达全覆盖，这一目标的实现将会有力促进城乡快递互通，既让更多的农村群众在家门口享受电商的红利，也让更多农产品方便快捷地走出农村，还会带动相关服务业发展。"互联网+"农产品出村进城工程由农业农村部牵头实施，重点是加快农产品上行，重点加强农产品加工、包装、冷链、仓储等设施建设，解决制约的短板弱项问题，2021年部分试点，2022年项目实施范围将进一步扩大。

2022年3月1日，在国务院新闻办举行的坚持稳字当头推动商务高质量发展新闻发布会上，商务部部长王文涛表示，2022年主要从四个方面发力："一个上行、三个下沉"。一个上行，是农产品上行；三个下沉是供应链、物流配送和商品服务下沉，推动县域商业建设行动走深走实。2022年3月5日第十三届全国人民代表大会第五次会议通过的《2022年国务院政府工作报告》再次强调发展农村和快递物流配送在加强县域商业体系建设中的重要性。

在前期工作的基础上，我国通过支持完善县乡村商业网络、物流配送等基础设施，为实现市场主体的"一个上行、三个下沉"创造条件，推动县域商业高质量发展，助力乡村振兴。2022年3月29日，财政部办公厅、商务部办公厅和国家乡村振兴局综合司印发《关于支持实施县域商业建设行动的通知》，定于2022—2025年支持实施县域商业建设行动，以渠道下沉为主线，以县乡村商业网络体系和农村物流配送"三点一线"为重点，加快补齐农村商业设施短板，健全县乡村物流配送体系，引导商贸流通企业转型升级，推动县域商业高质量发展。到2025年，建立完善县域统筹，以县城为中心、乡镇为重点、村为基础的县域商业体系。在具备条件的地区，基本实现县县有综合商贸服务中心和物流配送中心、乡镇有商贸中心、村村通快递。城乡生产和消费连接更加紧密，工业品下乡和农产品进城渠道更加畅通，农民收入和农村消费持续提升。2022年5月6日，中办、国办印发的《关于推进以县城为重要载体的城镇化建设的意见》也明确指出，到2025年，以县城为重要载体的城镇化建设取得重要进展，县城短板弱项进一步补齐补强。

《扎实稳住经济的一揽子政策措施》是国务院于2022年5月31日发布的政策措施。"保产业链供应链稳定政策"中提出，中央财政在服务业发展资金中安排约25亿元支持加快农产品供应链体系建设，安排约38亿元支持实施县域商业建设行动。加快1 000亿元交通物流专项再贷款政策落地，支持交通物流等企业融资，加大结构性货币政策工具对稳定供应链的支持。在农产品主产区和特色农产品优势区支持建设一批田头小型冷藏保鲜设施，推动建设一批产销冷链集配中心。同年7月，商务部召开全国县域商业体系建设工作推进会。会议要求，要聚焦短板弱项，以县乡为重点，加快推动县乡村商业网络建设，健全县乡村物流配送体系，优化农村商品和服务供给水平，增强农产品商品化处理能力，提升县域商业承载力和发展活力。农村流通贯通城乡、连接生产和消费，是现代流通体系的重要组成部分，也是乡村振兴的重要内容。同年10月，党的二十大报告提出，要坚持城乡融合发展，畅通城乡要素流动。

2023年，我国系统谋划重实效，统筹推进促落实。我国通过统筹制订县域商业三年行动计划，逐项细化工作举措，系统性推进建设县域商业体系。2023年依然是建设县域商业体系的关键时期，"加快发展现代乡村服务业，全面推进县域商业体系建设"被写入2023年2月13日发布的中央一号文件《中共中央 国务院关于做好2023年全面推进乡村振兴重点工作的意见》。

2023年8月14日，商务部等部门联合印发《县域商业三年行动计划（2023—2025年）》（以下简称《行动计划》），提出建立县域统筹，以县城为中心、乡镇为重点、村为基础的农村商业体系。这一计划的出台，对于我国工业品下乡与农产品进城双向流通渠道进一步畅通、农民收入增加和消费提质实现良性循环等具有重要意义。《行动计划》从完善县域商业网络设施和业态、发展农村物流共同配送、推动县域流通企业转型升级、丰富农村消费市场、推动农村电商高质量发展、提升优质农产品供给水平、加强农产品流通体系建设等七方面，明确了21项重点任务。这些任务注重高效整合市场资源，能够全面畅通农产品上行和工业品下行，同时统筹兼顾商产融合和城乡融合。一方面，完善农产品上行基础设施，探索建立农产品生产、流通和消费信息共享系统，提升农产品流通效率，畅通农产品从田头到餐桌的全链条流通渠道。另一方面，完善农村工业品下行网点布局，以农资、消费品等商品流通的供销多环节高效衔接为导向，疏解渠道堵点、补齐渠道短板，打通农村物流"最后一公里"，打造循环高效的农村流通渠道，满足农村居民多样化生产生活需求。

县域商业三年行动计划将按照部署启动（2023年7—12月）、全面推广（2024年1—12月）、总结评估（2025年1—10月）三个阶段分步实施，到2025年，在全国打造500个左右的县域商业"领跑县"，建设改造一批县级物流配送中心、乡镇商贸中心（大中型超市、集贸市场）和农村新型便民商店。90%的县达到"基本型"及以上商业功能，具备条件的地区基本实现村村通快递。

商务部流通发展司司长李刚说，商务部会同有关部门启动县域商业三年行动，将持续推动供应链、物流配送、商品和服务下沉以及农产品上行，加快补齐农村商业设施、商品服务等短板弱项，重点在"四个进一步"上下功夫。一是进一步强化政策扶持。加大财政投入力度，2023—2025年将继续安排中央财政资金，支持各地不断完善县域商业网络和物流配送体系，让农产品进城和工业品下乡的渠道更通畅。整合各部门优势资源，促进村邮站、电商服务站点、农村便利店等网点设施共建共享，推动"多站合一、一点多能、一网多用"。二是进一步优化设施功能。增强乡镇商业的集聚效应和村级商业便民服务能力，改造升级一批乡镇商贸中心、集贸市场、乡镇大集和农村新型便利店，优化市场消费环境，提升现代化治理水平，努力让农村居民在家门口就能买到与城市同样质量的商品，享受同样标准的服务。三是进一步加强主体培育。支持各类农村经营主体数字化、连锁化转型，加强供应链建设。采用企业联盟、股权投资等方式，培育县域龙头企业。发挥农村商业带头人作用，建立适合县域发展水平的消费品和农资流通网络。挖掘培养农村直播电商人才，增强创业就业带动能力。四是进一步创新发展模式。鼓励具备条件的农村地区探索发展智慧物流、即时零售等新模式，支持县域邮政、供销、电商、快递、商贸流通等各类主体市场化合作，开展共同配送服务。指导地方因地制宜、探索创新，打造一批县域商业"领跑县"，形成更多好经验好做法，发挥示范引领作用，推动县域商业高质量发展。

四、三阶段发展历程对比分析

县域商业的不同发展历程之间存在着层层递进、环环相扣的紧密联系。首先，县域商业体系建设吸取了万村千乡市场工程中资金浪费的经验教训。万村千乡市场工程建设中存在"黑色联合"和"灰色连锁"的严重资金浪费问题。所谓"黑色联合"，是指众多的"农家店"的业主，原本就是地方官员的亲属或关系群。利用其关系，二者相互勾结、从中牟利。在许多地方，招商引资的父母官和客商、连锁企业主原是一家人。在参与"万村千乡"建设之前，他们就联合策划，从工程建设中"各取所需"。但新挂牌的"农家店"，无论从产品还是服务上都只相当于原有的标准。所谓"灰色连锁"，是指企业利用各种手段，取得"农家店"的经营资格，骗取资金支持和扶持后，不按规定经营或想方设法退出。在部分试点地区，一些从未从事过商贸行业的地方企业也开始大借政府东风，临时加入到"万村千乡"工程中，在短时间里大量收编本地乡村的"夫妻店"，在既无行业经验又没有配送中心和物流体系等情况下大搞连锁加盟，目的就是弄虚作假骗取政府补贴。因此，在现阶段的县域商业体系建设中，政府对之前存在的资金问题进行了整改。资金支持方式由万村千乡市场工程阶段的"国家资金，补助或贴息的方式"整改为"以奖代补，企业先做，完成验收后一次性支付奖补资金"，从而能有效预防企业借建设之名，牟利益之实。最后，电子商务进农村综合示范项目解决了农村电商发展的难题，推进了乡村振兴建设，提高了农村电商运营能力，促进了农产品上行，打通了电商全链条，为当前县域商业体系建设以高水平科技支撑引领高质量县域商业发展奠定了前期基础。

第二章 县域商业体系建设概述

一、县域商业体系建设背景

（一）政策基础

近年来，为了促进县域和农村发展，推动新农村更好融入新发展格局，国家出台了一系列中央文件和政策，这也表明了我国政府一以贯之地推动县域和农村发展。2005年，商务部启动的"万村千乡市场工程"旨在构建以城区店为龙头、乡镇店为骨干、村级店为基础的农村现代流通网络，使标准化农家店覆盖全国50%的行政村和70%的乡镇，满足农民消费需求，改善农村消费环境，促进农业产业化发展。其工作重点是线下改造提升，引入连锁经营、统一配送等现代流通方式。随着电子商务技术的发展，2014年财政部办公厅、商务部办公厅启动"电子商务进农村综合示范"项目，以推动电子商务新业态新模式在农村应用为目标，重点是建立县级电商公共服务和物流配送体系，加强人才培养。

上述政策内容丰富，各地普遍积极争取，项目取得了卓越成就，在脱贫攻坚和乡村振兴中发挥了积极作用。但随着县域和农村地区消费场景、消费规模、消费格局的改变以及电商物流的快速发展，城乡居民日益增长的多层次消费需求对县域商业的建设提出了更高的要求。为迎合国家发展战略，为乡村振兴和构建新发展格局提供有力支撑，党中央、国务院高度重视县域商业体系建设，习近平总书记作出重要指示，要求推动农村流通设施和业态融入现代流通体系。自2021年以来，国家出台了一系列推进县域商业体系建设的文件。2021年6月，经国务院批准，商务部等17个部门联合印发了《关于加强县域商业体系建设促进农村消费的意见》（商流通发〔2021〕99号，以下简称《意见》），对县域商业体系建设的总体目标、重点任务、政策机制等作出部署。为做好《意见》目标任务的量化分解，指导和规范各地开展县域商业体系建设工作，2021年12月，商务部等15部门组织编制了《县域商业建设指南（2021版）》（以下简称《指南》），作为《意见》的配套文件。2022年2月，县域商业体系建设工作协调机制第一次全体会议在京召开，会议指出，建设县域商业体系是全面推进乡村振兴、推动城乡融合发展的重要内容，是畅通国内大循环、服务构建新发展格局的重要支撑。协调机制各成员单位要提高政治站位，切实增强做好县域商业体系建设工作的责任感、使命感和紧迫感。2022年3月，财政部、商务部、国家乡村振兴局联合发布《关于支持实施县域商业建设行动的通知》。2023年8月，商务部等9部门联合发布《县域商业三年行动计划（2023—2025年）》，从完善县域商业网络设施和业态、发展农村物流共同配送、推动县域流通企业转型升级、丰富农村消费市场、推动农村电商高质量发展、提升优质农产品供给水平、加强农产品流通体系建设等7个方面，明确了重点任务。

（二）现实需求

1. 县域商业发展现状

党的十八大以来，特别是"十三五"期间，我国农村商业加快发展，消费规模扩大，结构升级，农村电商、农产品流通蓬勃发展。主要呈现以下五个特点：

一是多层次、多元化消费场景基本形成。首先，多元化、多层次体现在县乡村三级的消费场景。在县城，居民一般通过商场和购物中心进行大件家电、家具服装等高档时尚消费；在乡镇，农民一般通过综合超市和商场购买米面粮油、家居百货等主要生活用品和农资用具，满足理发、餐饮等需求；在村里，农民一般通过小卖部补充油盐酱醋等必需品，或者给孩子买一些零食等等。其次，在一些区域，农村居民保有特有的消费场景，比如赶大集的习惯。定期或不定期举办大集，既是农民购买小商品的重要场所，也是一些地区农民日常社交不可或缺的方式。最后，电商的快速发展也给农村线下实体网络起到了重要补充作用。目前网购群体以年轻人居多，购买的多为标准化程度较高的数码产品、鞋包等工业类消费品，以及一些在线游戏、话费充值等服务。

二是消费规模稳步扩大。受益于国家一系列的脱贫攻坚和乡村振兴工作，农村居民消费水平不断提升，农村消费规模稳步扩大。如图2-1所示，2019年，乡村消费品零售额达6.03万亿元，比2015年增长43.9%。

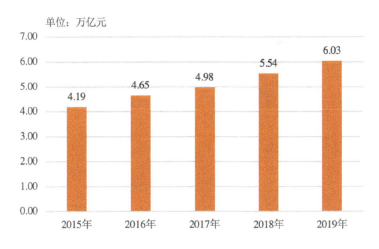

单位：万亿元

图2-1　乡村消费品零售额

三是消费升级趋势明显。如图2-2所示，2019年，每百户农民的汽车、移动电话和空调拥有量分别为24.7辆、261.2部和71.3台，农村居民人均服务消费5 290元，比2015年分别增长85.7%、15.5%、83.8%和58.5%。

图2-2　农村消费变化趋势

四是农村电商快速发展。2020年，农村网络零售额达1.8万亿元，是2015年的5.2倍；农村网商达1 520万家，"十三五"时期年均增长16.8%；快递乡镇覆盖率达97.7%，比2015年增加42个百分点（见图2-3）。

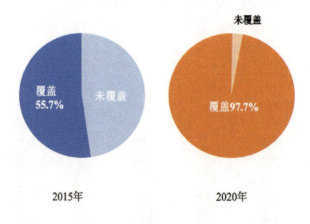

图2-3　快递乡镇覆盖率

五是农产品流通全面提速。2019年，全国亿元以上的农产品批发市场1 430家，农贸市场、菜市场4万家；经由批发市场流通的农产品总量达9.7亿吨，比2015年增长1.4亿吨；农产品网络零售额3 975亿元，是2015年的2.64倍（见图2-4）。

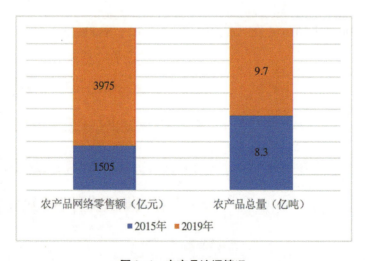

图2-4　农产品流通情况

2. 县域商业发展存在的问题

在农村消费场景、消费规模、消费结构以及电商物流快速发展变化的同时，我国农村商业仍处于初级阶段，供给水平还不高，市场主体投入意愿较低，还存在薄弱环节。我国乡村人口占全国人口的39.4%，但乡村消费品零售额仅占全国零售总额的13.5%，还有很大落差，农村消费潜力还没有完全释放。具体的短板体现在以下四个方面：

第一，农村商业设施不足。我国农村人均商业面积仅为城市的十分之一，超过一半的县城没有3万平方米以上的商业综合体。三分之一的乡镇没有商品交易市场，53%的村没有50平方米以上的综合日用商店，只有30%的村有具备营业执照的餐馆，农村地区互联网普及率为52.3%，比城市低24.1个百分点。

第二，农村商业主体小、散、弱。全国农村个体经营的夫妻店、小卖部等超过600万家，占农村流通主体的90%以上。这些小卖部等都是小本经营，大多从县城、镇上的一些批发商、分销商手里进货，店面简陋，管理水平不高，产品质量参差不齐。另外，我国农村连锁化经营规模偏小，农村连锁经营交易额占农村整体交易额的比重不足10%。近年虽然有一些大型流通企业、电商平台开始下沉市场，提供服务，但是也主要集中在城市和城乡接合部，配送商品以单位价值较高的家电产品为主，生活用品比较少。农村流通主体分布也不均衡。中西部地区每万人拥有的零售网点和人员，分别比东部地区低34%和36%。

第三，农村商品和服务供给水平较低。首先，一些厂商对农村市场不够重视，生产的产品优先销往城市市场，卖不动的再卖到农村。有的厂商对农村消费特点以及水电路等基本情况不了解，投放的家电等产品不好用、不耐用，商品品质不高。其次，由于农民一般比较关注价格，对品质的识别度、识别能力还不够，一些偏远农村存在一些低价低质、假冒伪劣产品，特别是一些农村大集，假冒伪劣产品特别多。根据中国消费者协会2018年对155个农村大集的抽样调查，发现一半以上的大集都销售"三无"产品，43个大集销售伪劣产品。另外，农资市场准入门槛非常低，人员知识老化，技术水平也不高。最后，农村服务业发展非常滞后，一般仅限于结构比较简单的行业，如餐饮、洗浴等传统业态。维修售后服务不足，旅游金融等新兴业态较少，部分网点经营不规范，人员专业水平比较低，卫生也不达标。

第四，农产品流通现代化水平不高。从流通设施上看，农产品产地商品化预处理设施严重不足，只有约七分之一的农产品，经筛选、分级、包装等商品化处理后进入流通环节。蔬菜和肉类的冷链流通率分别为20%和30%，远低于发达国家。这不仅导致了无效运输损耗高，也不利于产品的附加值留在产地，留给农民。从流通方式上看，农民自产自销或者通过经纪人销往农产品批发市场的比例为70%，通过农超对接等订单销售的不到20%，这也是一个短板。

二、县域商业体系建设意义

（一）支持国家发展战略，助力高质量发展

党中央、国务院高度重视县域商业体系建设工作，把它作为巩固拓展脱贫攻坚成果、全面推进乡村振兴的重要内容，畅通国内大循环、培育完整内需体系的必然选择，践行绿色经济、促进高质量发展的有效助力。

1. 巩固脱贫攻坚成果，衔接乡村振兴战略

习近平总书记深刻指出："县一级承上启下，要素完整，功能齐备，在我们党执政兴国中具有十分重要的作用，在国家治理中居于重要地位。"县域经济涵盖国民经济的三次产业，是发展经济、保障民生、维护稳定的重要基础。推进县域经济高质量发展，是推进城乡融合发展的重要切入点，是巩固拓展脱贫攻坚成果、衔接乡村振兴战略的重要抓手，是加快区域高质量发展的重中之重。

为了促进县域和农村发展，使新农村更好地融入新发展格局，国家出台了一系列中央文件和政策。受益于"万村千乡市场工程""电子商务进村综合示范""全国农产品流通骨干网建设、冷链物流、农商互联，完善农产品供应链"等工作，我国在农村商业建设方面已经取得了卓越的成就。自2021年开始的县域商业建设项目是前期脱贫攻坚项目基础上的集成和提升。例如，该项目进一步健全农村商业网络，加强县乡村三级商业网络建设，弥补市场缺位和环节薄弱短板，贴近村庄，服务农民；该项目可以有效畅通工业品下乡和农产品进城双向流通渠道，推动资源要素向农村市场倾斜，完善农产品现代流通体

系，实现农民增收与消费提质良性循环，进一步巩固拓展脱贫攻坚成果。

2. 释放县域消费活力，筑牢扩大内需战略

党的二十大报告提到，要坚持以推动高质量发展为主题，把实施扩大内需战略同深化供给侧结构性改革有机结合起来，增强国内大循环内生动力和可靠性，提升国际循环质量和水平，加快建设现代化经济体系，着力提高全要素生产率，着力提升产业链供应链韧性和安全水平，着力推进城乡融合和区域协调发展，推动经济实现质的有效提升和量的合理增长。在构建新发展格局中，县域经济更加具有开放性、能动性和可塑性。县城连接城市、服务乡村，既是县域经济内部循环的中心节点，也是县域经济与城市经济融通发展的关键枢纽。近几年，在新型城镇化战略布局下，核心城市群规划落地实施，县城与城市、农村之间更加紧密。在居民收入、消费能力、消费意愿等方面，三、四线城市与一、二线城市的差距正不断缩小。随着城乡协调发展有序推进，县域消费空间日趋广阔，县域经济成为中国促消费扩内需的重要基本盘。完善县域商业体系建设、释放县域消费活力，是促进经济复苏、助力高质量发展的底层驱动力。

一方面，县域商业建设有助于完善县乡村三级物流配送网络，加快提升电商、快递进农村综合水平，支持县级物流配送中心、乡镇物流站点建设改造，整合邮政、快递、供销、电商等资源，推行集约化配送，鼓励农村客运车辆代运邮件快件。建设村级寄递物流综合服务站，在有条件的乡村布设智能快件箱，增加农村零售网点密度，逐步降低物流配送成本。解决农村物流"最后一公里"问题，有效释放农村消费潜力。

另一方面，县域商业建设有助于创新消费新业态。随着消费者对品质生活的要求提升，县域商业配套设施日益完善，直播电商、即时零售等新业态正在县域悄然生长。以即时零售为例，更丰富的商品、更便捷的体验、更多样的服务、更创新的模式，共同激活了本地消费市场。大力发展本地零售，正是推动县域高质量建设的重要抓手。即时零售等扎根本地的新模式，可以帮助本地零售进一步扩大服务规模，形成"更快更好满足居民更多需求"的消费格局，最终助力各地打造更具活力的实体零售业态。

3. 推动农村经济转型，践行绿色发展战略

2023年8月，商务部等9部门联合发布了《县域商业三年行动计划（2023—

2025年）》，以推动县域经济的快速发展。此计划旨在扩大农村消费市场，提升农村消费品质，并加快补齐农村商业设施、商品服务短板弱项。

县域商业建设有助于推动农村经济的转型升级。当前，农村消费市场正逐渐升级，对高品质、绿色智能的商品需求不断增加。通过支持新能源汽车、绿色智能家电、绿色建材下乡，推动农村大宗商品消费换代，促进农村经济的转型升级，提高农村经济的质量和效益。同时，加强农村充换电设施建设也是推动县域商业发展的重要举措。随着新能源汽车市场的不断扩大，充换电设施的需求也在不断增加。加强农村充换电设施建设，不仅能够满足农村居民对新能源汽车的需求，也能够促进农村能源结构的调整和优化，推动农村经济的绿色发展。

县域商业建设有助于推动农村能源绿色低碳转型。目前，我国县域能源绿色低碳转型面临的首要问题是乡村基础设施建设仍较为薄弱。技术开发资金投入欠缺，燃气、液化气和天然气供应尚未能普及到所有乡镇，部分偏远地区农网设备陈旧落后，农村商品能源总体供给不足，部分地区能源贫困问题依然存在，能源消费需求难以得到有效满足。通过加强县域商业基础设施建设，以市场化的方式培育企业主体，可以推动农村能源低碳转型，支持国家绿色发展战略。

县域商业建设有助于促进农业绿色高质量发展。县域商业建设优化县域农资供应、使用结构，健全现代农资流通网络，加快乡镇为农服务中心建设，推广集约环保高效农业社会化服务，推动农资流通企业向现代农业综合服务商转型升级，促进农业农村绿色发展，有效防控农业面源污染。

（二）改善人民生活品质，提升社会建设水平

1. 丰富农村消费市场，满足居民多元化消费需求

一方面，县域商业建设打造高质量商贸综合体，有利于丰富优化农村商品和服务供给，满足消费升级需求。完善县域商业网络设施和业态，升级改造一批现代化商业网点，丰富农村地区零售、文化、娱乐、生活服务等业态配置，建设立足乡村、贴近农民的生活消费服务综合体，能更好满足农村居民消费升级需求。

另一方面，县域商业建设完善农村工业品下行网点布局，以农资、消费

品等商品流通的供销多环节高效衔接为导向，疏解渠道堵点、补齐渠道短板，打通农村物流"最后一公里"，打造循环高效的农村流通渠道，满足农村居民多样化生产生活需求。

2. 完善农产品上行措施，提高居民收入水平

首先，县域商业建设完善农产品上行基础设施，探索建立农产品生产、流通和消费信息共享系统，提升农产品流通效率，畅通农产品从田头到餐桌的全链条流通渠道。不仅帮助农民及时销售农产品，还提高了农产品的附加值。

其次，县域商业建设推动农村旅游业的发展。鼓励文化和旅游资源丰富的农村地区，依托乡村旅游重点村镇、乡村旅游集聚区和休闲露营地，打造乡村旅游、休闲农业、农家乐、自驾游等精品线路，吸引市民下乡消费。继续实施乡村休闲旅游精品工程，推介一批中国美丽休闲乡村，建设一批全国休闲农业重点县。这不仅促进了农村地区的经济发展，也为农民提供了多样化的收入来源。

最后，县域商业建设推动农村电商高质量发展。深化电子商务进农村综合示范，利用县级电子商务公共服务中心的场地和设备等资源，打造一批县域电商直播基地、"村播学院"。培育"土特产"电商品牌。深化"数商兴农"，发展农特产品网络品牌。这为农民提供了更多的工作机会和收入来源。

3. 促进城乡融合，推动社会均衡发展

县域是我国基本的行政地域单元，是支撑经济社会发展的完整空间载体，在社会治理和国民经济发展中占据独特地位。充分发挥县域空间载体优势，促进城乡要素合理流动，增强城乡之间的互动，是加快推进城乡融合和社会均衡发展的重要途径。

一方面，县域商业建设有助于有效发挥县域的综合承载能力。加强县域基础设施建设，提升县域发展质量，增强对乡村的辐射带动能力，引导人口合理流动。县域商业建设有助于县域发掘地域资源禀赋，整合资源，发挥县域产业发展优势，形成区域规模化富民产业。

另一方面，县域商业建设有助于有效发挥连城带农功能。加强县乡村三级商业网点建设，加强农村三级物流配送体系和数字网络建设，推进电子商务进农村示范项目，提升县域商品流通效能和区域辐射效应，加快城乡要素平等交换和双向流动。

（三）促进企业健康发展，推动产业转型升级

1. 释放市场需求，提供增长机会

第七次人口普查数据显示，我国县域常住人口约7.4亿人，乡镇和村两级消费市场占全国总体消费市场的38%。县域经济在我国社会经济发展中具有十分重要的地位。县域商业建设不仅为县域经济的大力发展提供了强力支撑，也为企业带来了新的发展机会。

一方面，县域商业建设可以增加当地市场的规模，为企业提供更多的销售机会和潜在客户。县域商业建设通过县乡村三级商业网络的建设、农村电商的普及、物流体系的完善、工业品下行渠道的畅通等使农村居民有机会有渠道接触和购买更多种类的商品和服务，为企业提供更多增长机会。

另一方面，随着县域商业建设的有序推进，县域居民从传统消费转向新兴消费，从生活必需品消费转向享受型消费，从商品消费转向服务消费。县域消费的差异化、个性化、多元化发展，释放了强劲动能和巨大潜力，为更多类型的企业带来机遇。

2. 履行社会责任，促进品牌建设

县域商业建设鼓励大型连锁商业企业下沉到县域，积极培育多元化、多层次的市场主体。积极参与县域商业建设不仅有助于企业承担社会责任，而且对于推动企业品牌建设具有显著的促进作用。通过参与这一过程，企业不仅仅是在追求经济利益，还在积极履行其社会责任。这种积极行为不仅改善了企业的社会形象，还为其品牌的建设和推广提供了助力。

在参与县域商业建设的过程中，企业往往会与当地政府、社区组织和其他利益相关者密切合作，建立长期的伙伴关系。这种合作有助于企业积极履行其社会责任，共同解决社会和环境问题，同时也增强了企业与当地社区之间的互信关系。此外，积极参与县域商业建设还可以为企业品牌塑造提供助力。企业的社会责任和可持续发展努力通常会引起媒体和社会的广泛关注，这有助于提高企业的品牌知名度和美誉度。消费者往往更愿意支持那些在社会责任方面表现出色的企业，这进一步增强了企业品牌的吸引力。

3. 促进企业转型，助力高质量发展

县域商业建设通过完善县乡村三级商业网点、加强三级物流体系、发展电子商务、鼓励数字化转型，为企业转型带来新的机遇，推动企业向智能、高效、可持续的方向迈进。

一方面，县域商业建设鼓励企业应用数字化技术和平台。随着县域商业建设的有序推进，县域生活在线化程度不断提升，在线餐饮、在线旅游、同城配送等业态呈爆发式增长，阿里巴巴、京东等电商平台加速布局，各式小店也在普及电子收银、自动化库存管理和进销货一体化配送，并在供应链服务上全面数字化改造。数字化转型可以为企业带来多方面的好处，包括提高效率、降低成本、增强竞争力、改善客户体验以及创新新业务机会，是企业提升竞争力和可持续增长的关键战略。

另一方面，县域商业建设促进企业创新和产品升级。县域商业的发展带来了农村居民的消费升级，衍生了农村消费新场景。这促使企业不断探索新机会，以满足消费者更高层次的需求。这可能包括提高产品的质量和安全、提供更先进的产品和服务、设计环保和可持续的产品等。

总的来说，县域商业建设迎合国家发展战略，是推动乡村振兴、扩大内需、践行绿色发展战略的重要内容，是改善农村居民生活水平、提升社会建设水平的重要举措，同时也促进了企业的转型升级和高质量发展，推动企业朝着高效、智能和可持续的方向发展。

三、县域商业体系建设特点

为发展农村经济，提高农民生活水平，我国推行了一系列政策，一以贯之地推动农村地区的发展。总的来看，可以分为四个主要的阶段：供销合作社、万村千乡市场工程、电子商务进农村综合示范、县域商业建设行动。

表2-1从工作重点、标准分类、建设范围、功能范围、信息化范围以及支持方式几个维度展示了四个阶段的建设内容（王飞飞，2023；张亚瑛，张亮亮，2014；师建兰，2016；郑勇，2021；卢盛峰，洪靖婷，2023）。

表2-1　四个阶段建设内容对比

条目	供销合作社	万村千乡市场工程	电子商务进农村综合示范	县域商业建设行动
工作重点	对农村私商进行改造，集体经营农田，组织农产品的生产、加工和销售	1.线下改造提升 2.引入连锁经营、统一配送等现代流通方式	1.建立县级电商公共服务和物流配送体系 2.加强人才培养	集成和提升： 1.补齐县域物流、乡镇商业网点短板 2.培育县域连锁流通企业 3.开展数字化、智能化改造
标准分类	—	东中部地区、西部地区	—	基本型、增强型、提升型
建设范围	农资供应、农副产品收购与销售、工业品供给	乡村网点建造、区域性商品配送中心建设	电子商务新业态新模式在农村的应用	县乡村三级商业网点建造 县乡村三级物流体系完善 农村电子商务拓展 农村新型市场主体培育 数字化、智能化改造
功能范围	基本生活服务、农产品生产服务	日常生活服务、涉农信息服务	电商服务	高质量生活服务、涉农信息服务、信息化服务、电商服务、精神文化服务
信息化范围	—	商业网点经营管理	商业网点经营管理、物流配送	商业网点经营管理 物流体系新模式新业态 农产品上行渠道 流通企业转型升级
支持方式	社员入股，国家资金	国家资金，补助或贴息的方式	政府购买服务，公开招标，承办企业参与	以奖代补，企业先做，完成验收后一次性支付奖补资金

可以看出，县域商业建设是万村千乡市场工程和电子商务进农村综合示范项目的集成和提升，与前几个阶段相比，主要具备以下四个特点。

（一）县域商业体系建设覆盖面广、层次分明、形式多样

首先，县域商业体系建设覆盖面广。县域商业建设包括对县乡村三级商业网点的改造建设、对县乡村三级物流体系的完善、对农产品上行通道的畅通、对农村电子商务的全面提升、对农村消费环境的改善以及对农村商贸主体的培育。县域商业建设是前期万村千乡市场工程和电子商务进农村综合示范工程的集成和提升，能够有效促进农民收入、农村消费双提升，推动工业品下乡和农产品进城双畅通，致力于全方位完善县域商业建设，推动县域经济发展、人民生活品质提升以及全社会高质量发展。

其次，县域商业建设标准层次分明，强调摸清现状。一方面，通过深入了解地区情况，采用不同的建设标准来增强其适用性、可行性和韧性。例如，在县城综合商贸服务中心、乡镇商贸中心、村级便民商店以及县级物流配送中心的建设改造方面，根据县域的经济条件、人口分布、市场需求等实际情况制定相应的改造建设标准，从经营规模、设施设备、实现功能几个方面由低至高分为三种标准：基本型建设标准、增强型建设标准和提升型建设标准。另一方面，县域商业建设推进稳步有序。例如，河南省、广东省分别设定首批、第二批、第三批示范县逐步推进，做到立足实际、统筹推进、逐步完成。

最后，县域商业建设形式多样。在农村消费市场方面，相比万村千乡市场工程，县域商业建设为县域居民带来了更加多样的商品与服务供给，满足农村地区居民日益增长的多元消费需求。农村商业网点的建设不仅提供购物机会，还提供丰富的生活服务和精神文化服务，融入了娱乐休闲、文化体验等元素，为农村居民提供了更多样化的生活方式选择。电子商务的大力发展也吸引厂商为农村市场生产投放更多适销对路的商品，如新能源汽车、绿色智能家电、绿色建材和家具家装下乡等。在农村收入方面，县域商业建设采取多种措施给农民提供增收的新渠道，增加非农就业的新机会，带动农民增收。例如，通过完善农产品产地商品化处理设施，建立更紧密的产销衔接机制，增强农产品上行能力，保障农产品顺利进入城市市场，为农民销售农产品提供畅通快捷通道，带动农民增收。另外，创新拓展电子商务在农村的应用来为农民提供新的创收机会，如鼓励大力发展农村直播电商、发展农特产品网络品牌。

（二）县域商业体系建设注重资源整合、统筹推进、效率提升

县域商业体系建设在三级商业体系建设、物流体系完善以及农产品上行畅通方面注重资源整合、统筹推进，从而提升整体效率。

首先，在三级商业体系建设方面，明确县级综合商贸服务中心、乡镇商贸中心和村级便民商店的作用。县级商业网点发挥其综合服务能力，向乡镇和村庄延伸服务，带动乡村商业发展；乡级商业网点发挥其承上启下、紧靠农村居民生活圈、服务农村常住人口的区域商业中心优势；村级商业网点在前两者的带动下，做好县域商业末端建设，服务好乡村居民。县乡村之间的有效联动、衔接互补有助于资源整合、统筹推进，提升整体效率。

其次，在物流体系完善方面，一方面，推动农村电商快递物流网点共建共享。鼓励设施重组整合，支持站点共建、服务共享，实现多站合一、一点多能、一网多用，鼓励农村商业网点发展电子商务。这些有助于实现优势互补、资源集聚，提升服务水平和运营效益。另一方面，发展农村物流共同配送等新模式新业态，促进线上线下互动发展。鼓励各类主体开展市场化合作，开展农资下乡和农产品进城双向配送服务。实现充分利用资源，提升物流能力，达到各方共赢的局面。

最后，在农产品上行畅通方面，补齐农产品产地商品化处理设施短板，建立更紧密的产销衔接机制，增强农产品上行能力，保障农产品顺利进入城市市场。在实地调研中发现，县域大型平台企业能够推动"工业品下乡"和"农产品上行"双向渠道畅通，促进资源共用，实现效率提升，满足"促进农民收入、农村消费双提升"的建设目标。

（三）县域商业体系建设凸显可持续性发展

受益于促进乡村商业发展的一系列政策和行动，我国在推动乡村振兴方面取得了显著的成效。在消除了中国的农村绝对贫困人口之后，如何保持乡村振兴的可持续性发展是一项重要任务。县域商业体系建设在经济发展、社会发展、环境发展三个方面凸显可持续性。

首先，在经济发展方面，县域商业建设推动了农村产业结构调整。通过推广农村电商、优化农产品上行等措施，吸引了一批优质产业进入县域，促进了农村地区产业结构的升级和优化。通过打造消费服务的新模式新场景，推动电子商务与休闲农业、乡村旅游等融合，强化数字赋能，推动农村一二三产业融合发展，提升农村经济的整体竞争力。

其次，在社会发展方面，县域商业建设创造了大量的就业机会。传统农村经济以农业为主，就业机会有限，居民就业选择受限。而随着县域商业的发展，县城商业综合体、乡镇购物中心、农村便民网点、乡村旅游等项目的兴起，带来了大量的就业需求。另外，新的非农就业机会加强了对农村人才的培养和教育，提高了农民的素质和技能水平，同时吸引了更多的人才回到农村，不仅使乡村能够留住相当一部分人口，还能够留住能人，真正地从长远来支持乡村振兴的可持续发展。

最后，在环境发展方面，县域商业建设推动了乡村绿色可持续发展。一方面，县域商业建设促进了农村地区产业结构的升级和优化。例如，引进绿色农业种植技术、农产品加工技术以及环境保护技术，既提高了产品的附加值和市场竞争力，同时也淘汰了对环境破坏较大的落后产能。另一方面，县域商业建设推进了农村生态环境保护和农村能源资源节约利用，实现了农村生态文明建设和绿色发展。

（四）县域商业体系建设强调数字化、智能化改造

与万村千乡市场工程和电子商务进农村综合示范工程相比，此次县域商业建设一个很大的特点是引入新兴信息技术，强调数字化、智能化的改造，贯穿整个县域商业建设链条的各个环节。

在县域商业网点建设改造方面，鼓励县城综合商贸服务中心进行数字化改造，提高数字化建设标准，倾力打造多元化、交互式、沉浸式数字消费新场景，不断提升县域大中型商业综合体的辐射力、影响力。例如，自2021年以来，浙江省已对20余家商业综合体进行数字化改造，16家商业综合体提高数字化建设标准。

在农村物流共同配送方面，加强共同配送的数字化、自动化、标准化建设，制定统一作业标准、发展自动化分拣、推广智能化信息管理，引导共同配送企业全程标准化管理，帮助企业节约资源、提高效率。

在畅通农产品上行渠道方面，鼓励建设智能化县域农产品集配中心，建立物流管理系统，实现与运营主体的信息互联互通，采用传感技术加强全流程监控，完善农产品全过程冷链物流服务体系。

在推动县域流通企业转型升级方面，鼓励有实力、有信誉的农村商贸流通企业综合运用大数据、云计算、人工智能等现代信息技术，促进业务流程

和组织结构优化重组，创新商业模式，提高经营质量和效益。对于农村中小流通企业，针对其数字化转型成本高、周期长等问题，依托已有平台资源，提升区域数字化服务水平，为企业提供成本低、实用性强的数字化转型解决方案，推动数字应用从销售前端向采购、库存、配送等全过程延伸，加快线上线下融合。

数字化、智能化改造对县域商业发展产生深远的影响，可以进一步推动城市资源向农村倾斜，有效缩小城乡差距，加速促进县域商业建设的升级和转型，实现更高效、智能和可持续的发展。

四、县域商业体系建设内容

（一）建设目标

《意见》提出以下发展目标："十四五"时期，实施"县域商业建设行动"，建立完善县域统筹、以县城为中心、乡镇为重点、村为基础的农村商业体系，到2025年，在具备条件的地区，基本实现县县有连锁商超和物流配送中心、乡镇有商贸中心、村村通快递，年均新增农村网商（店）100万家，培育30个国家级农产品产地专业市场，经营农产品的公益性市场地市级覆盖率从40%提高到60%。

基于《意见》提出的发展目标，《指南》进一步指出：围绕"到2025年，在具备条件的地区，基本实现县县有连锁商超和物流配送中心、乡镇有商贸中心、村村通快递"的目标，以县乡村商业网络体系和农村物流配送"三点一线"为重点，以渠道下沉和农产品上行为主线，加快推动县域商业网点设施、功能业态、市场主体、消费环境、安全水平等的改造升级。到2025年，建立以县城为中心、乡镇为重点、村为基础、分工合理、布局完善的一体化县域商业网络体系。其中，"三点"是指县、乡（镇）、村三级网点，县城的点是指县域综合商贸服务中心和物流配送中心，综合商贸服务中心要多业态并存物流配送中心鼓励在电商进农村综合示范项目已建基础上改造升级，未获得综合示范支持的地方可能要涉及新建，或找一个龙头企业支持其升级改造；乡镇的点是指每个乡镇有一个乡镇商贸中心，以商超为主，集聚餐饮、美发、托幼、亲子教育等多种业态；村级的点是指改造升级行政村的村级便民商店，为村民提供日用消费品、农资、电商、电信、金融、邮件快件代收代投、涉农信息服务等多样化服务，保障农村居民就近便利消费和基本生活服务。"一线"是指县乡村实现整体物流配送，加快贯通电子商务和快递物流配送，在整合县域电商快递基础上，打造日用消费品、农资下乡和农产品进城双向配送服务。

为实现总体目标，"十四五"时期县域商业体系建设工作目标具体包含以下几个重点，如表2-2所示。

表2-2　县域商业体系建设工作重点

序号	类型	重点工作	建设目标
1	县域商业网点	改造升级县城商贸中心	≥1
2	乡镇商业网点	建设改造乡镇商贸中心	具备条件的乡镇覆盖率达到100%
3	村级商业网点	建设改造村级便民商店	具备条件的行政村覆盖率达到100%
4	县城物流枢纽	建设改造县级物流配送中心	≥1
5	乡村末端物流	乡村快递通达率	基本实现乡乡（镇）有网点、村村有服务
6	物流资源整合	引导县域邮政、供销、快递、交通运输、商贸物流等资源整合，发展共同配送	全县具备条件的乡镇、村30%以上的物流能够实现统一分拣、配送
7	农村电子商务	扩大农村电子商务覆盖面	具备条件的行政村，电商服务覆盖率达到100%

（二）建设原则

为贯彻落实党中央、国务院决策部署，加快推进县域商业体系建设，实现上述建设目标，县域商业建设应遵循以下建设原则：

1. 市场主导，政府引导

发挥市场对资源配置的决定性作用，充分激发农村市场主体活力和内生动力。政府加强基础性、普惠性基础设施建设，优化政策供给，统筹发展和安全，提升政府治理和公共服务水平，营造公平营商环境和放心消费环境。把握好顶层设计和基层创新的关系，尊重基层首创精神，最大限度调动各方积极性。鼓励结合自身实际，探索县域商业发展的新模式、新路径。

2. 聚焦短板，注重民生

加强资源整合，做好与万村千乡、电子商务进农村、城乡高效配送等工作衔接，充分利用现有商业设施，加快补齐短板、打通堵点，重点布局一批公益性和民生保障类商业设施，提升应急保供能力。加大对革命老区、民族地区、边境地区、脱贫地区的倾斜支持力度，做好巩固拓展脱贫攻坚成果和乡村振兴有效衔接。

3. 因地制宜，实事求是

综合考虑东中西差异、人口分布、市场需求、生态保护等因素，合理确定县域商业网点布局、功能业态、数量规模、辐射范围等建设改造内容。立足实际、适度超前、注重服务。规范县域大型商业综合体、商业地产等项目建设，不搞大拆大建，避免商业过剩和同质化竞争，适应乡村振兴要求。

4. 统筹推进，协调联动

把县域商业体系建设作为乡村振兴的重要内容，纳入乡村振兴考核评估、主题培训、协调议事等机制，一体谋划推进。要建立党政统一领导、多部门参与的县域商业体系建设工作协调机制，加强组织协调，明确责任分工，完善土地、税收等配套政策，推动工作落地。

（三）摸清现状，做到工作有底数

县域建设是一项系统复杂的工程，涉及经济、社会、生态、产业等方方面面。谋划好、建设好县域，需要先了解好、研究好县域。将县域建设作为一项重大课题，发挥好政府作用的同时，充分调动社会各界的力量，通过深入调查研究，将县域现状摸清、问题找准，才能制定好切合实际的建设标准。在对县域商业现状进行摸底时，应实事求是地摸清县域商业发展宏观背景以及县域商业建设现状。

1. 县域商业发展宏观背景

（1）经济情况：了解县域的经济总体情况，包括GDP、人均收入、主要产业和经济增长趋势，以及对商业发展的影响。

（2）人口与消费群体：分析县域的人口结构、人口数量以及消费群体的特点和需求，了解潜在的消费能力和市场规模。

（3）商业设施与业态：了解现有的商业设施布局、商圈规模，不同业态的分布和发展情况，分析潜在的商业机会和需求缺口。

（4）竞争格局：研究县域内已有商业企业的类型、规模和市场份额，评估竞争压力，为商业建设定位提供参考。

（5）消费习惯与需求：了解当地居民的消费习惯、文化特点和生活方式，分析消费需求的特点和变化趋势。

（6）交通与基础设施：分析交通便捷程度、基础设施完善程度，特别是与商业发展相关的交通网络、水电气供应等情况。

（7）城市规划与政策：了解县域的城市规划和发展政策，包括商业发展政策、用地政策、投资优惠政策等，判断商业建设的政策支持和限制。

2. 县域商业建设现状

对县域商业发展状况的摸底包括对县乡村商业网点（县城商业综合体、乡镇商贸中心、行政村便利店）、物流配送"三点一线"的数量、覆盖率、聚集辐射能力以及功能业态等情况的现状调研，找准差距和不足，汇总形成县域商业体系建设的工作底账，作为目标制定、资金安排、项目建设、考核评估等工作的基本依据。

通过摸底，对以下四个方面做到"工作有底数"：

（1）本地线下主渠道：本地城乡居民的消费需求主要通过哪些企业和市场主体来满足。

（2）本地居民普遍采用的线上平台：综合示范期间培育起来的电商主体如何进一步发挥作用。

（3）本地物流配送网络运行：到乡进村的覆盖比例和配送频率是多少，能否满足居民需求。

（4）本地农产品生产流通情况：本地区农产品生产、流通、销售的基本情况，批发市场、超市、机关团体及网上渠道等情况。

（四）制定标准，做到建设有参考

1. 标准的制定目的和制定原则

根据财政部、商务部、国家乡村振兴局于2022年联合颁发的《关于支持实施县域商业建设行动的通知》文件，县域商业建设应参照《指南》，结合网点数量、规模、发展水平等因素自主制定建设标准。制定县域商业建设标准，为县域商业建设提供科学、合理、可行的规范和指导，以促进县域经济发展和城市建设的良性循环。县域商业建设标准旨在帮助县域经济实现市场规范、安全环保、产业升级和城市建设的协调发展，为县域的繁荣发展和可持续发展奠定坚实基础。

在实际标准的制定中，应坚持因地制宜、实事求是的原则，充分考虑东中西差异、人口分布等因素，合理确定建设类型和标准，避免盲目拔高或降低标准。坚持市场化导向，由市场经营主体因地制宜确定县域商业设施建设改造的面积、设备等标准，不宜搞"一刀切"、行政指令。加强县域商业顶层设计和工作摸底，在摸清县域商业具体情况的基础上，确定"十四五"时期要达到的目标类型：基本型、增强型、提升型。其中基本型建设类型主要保障居民"衣食住行"基本消费要求；增强型建设类型在保障居民基本消费要求的同时，满足居民多样化升级消费需求；提升型建设类型在前两者基础上满足高端、品质消费需求。根据不同的建设目标类型，充分结合全国基本标准和地方自主标准，合理确定县域商业网点布局、功能定位、数量规模、辐射范围等。

2. 县城综合商贸服务中心改造建设标准

县城作为县域消费升级的"排头兵"，对县城购物中心、综合商贸中心、大型连锁商超等现有商业网点改造升级，可以推动商旅文体业态集聚，提升综合服务能力，向乡镇和村庄延伸服务，带动乡村商业发展，让县域内城乡居民不出县，就能满足绝大部分的消费需求。在前期现状摸底的基础上，根据县城的具体情况制定相应的改造建设标准，从经营规模、设施设备、实现功能几个方面由低至高分为三种标准：基本型建设标准、增强型建设标准和提升型建设标准。

（1）基本型：对于西部人口较少、商业欠发达的县城，改造升级基本型县城综合商贸服务中心，保障居民"衣食住行"基本消费要求。基本型县城综合商贸中心的经营面积一般在 10 000~20 000 平方米（偏远、人口稀少的县可适度降低要求），在商贸服务中心设置生鲜、日用百货、餐饮等分区经营，自营类商品实行统一结算。根据实际情况，设置仓储、停车场等设施，配备配送车辆、人员等，场地设施需符合消防、卫生、安全生产、防淹排水等有关要求。能够实现为居民提供果蔬肉蛋奶、食品、日化、家居、小家电、小百货等商品零售，满足居民多元消费需求；能够实现为居民提供餐饮、维修、美容美发等生活服务；能够实现对城区和一定范围的乡镇村提供批发、零售或配送服务。

（2）增强型：对于中西部人口相对集中、商业较发达的县城，改造升级增强型县城综合商贸服务中心，满足居民多样化升级消费需求。增强型县城商贸中心的经营面积一般在20 000~30 000平方米，除了配备上述基本型综合商贸服务中心的设施外，根据实际需要，配备与娱乐、休闲、亲子功能等相适应的设施设备。除了能够提供基本型综合商贸服务中心的居民消费服务外，还能够提供家电、通信、服装等标准化程度较高的商品零售，满足居民大件消费需求；能够提供娱乐、休闲、亲子、健身、教育、物流、小额存取代理等服务，拓展空间载体，打造多功能、多业态、复合型的县域商业集聚区（微商圈）；能够提供本地特色商品体验，打造区域优势供应链品牌。

（3）提升型：对于东中部人口集中、商业发达的县，改造升级提升型县城综合商贸服务中心，满足高端、品质消费需求。提升型县城综合商贸中心的经营面积一般在30 000平方米以上，除了配备上述基本型、增强型县城综合商贸服务中心的设施外，根据实际需要，配备自助收银、线上商城、手机智能导购，拓展线上线下消费场景，以及食品加工、冷链等设施设备。除了能够提供上述基本型、增强型县城综合商贸服务中心的居民消费服务外，还能够提供品牌服饰、大家电、家居建材等商品零售，满足县城居民高档、品牌消费需求；能够发展品牌直营连锁、直播网购、美容美妆、文化创意、中央厨房等新业态，增强可视化、数字化、智能化消费场景，建设县城商业新地标。

3. 乡镇商贸中心改造建设标准

把乡镇建成服务周边的重要商业中心，发挥乡镇承上启下、紧靠农村居民生活圈、服务农村常住人口的区域商业中心优势，引导连锁商贸流通企业采取自建、改造、股权合作等方式，对现有乡镇商业设施进行现代化改造，新建改造一批商贸中心、超市、餐饮等服务网点，改善乡镇集贸市场面貌，优化生活服务业供给，使乡镇基本能够满足周边居民的米面粮油、家居百货、农资，以及美容、美发、餐饮等一般性消费需求。在前期现状摸底的基础上，根据乡镇的具体情况制定相应的改造建设标准，从经营规模、设施设备、实现功能几个方面由低至高分为三种标准：基本型建设标准、增强型建设标准和提升型建设标准。

（1）基本型：对于人口低于10 000人、商业欠发达的乡镇，改造升级基本型乡镇商贸中心，一般经营面积（单体商超形态，其他可根据实际确定）在500~1 000平方米（偏远、人口稀少的乡镇可适度降低标准）。在商贸中心设置不同商品和服务类型分区经营，自营部分实行统一结算。根据实际需要，可配备电子收款机（POS机）、电脑、打印机等设备和信息系统。场地设施符合消防安全、防淹排水等有关要求。商贸中心能够为居民提供果蔬肉蛋奶、食品、洗护用品、日用百货等商品零售，满足乡镇居民日常、实用型消费需求；能够为居民提供餐饮、理发等基本生活服务；乡镇商贸中心具有业态显著集聚特点的商业形态，不包括步行街、商业地产形态。

（2）增强型：对于人口在10 000~30 000人、商业基础较好的乡镇，改造升级增强型乡镇商贸中心，一般经营面积在1 000~1 500平方米。除了上述基本型乡镇商贸中心具备的设施外，增强型乡镇商贸中心可根据实际需要，配备休闲娱乐设施、临时停车位等。除了上述基本型乡镇商贸中心提供的居民消费服务外，增强型乡镇商贸中心还可以为居民提供小家电、服装、鞋帽、家纺等商品销售服务；提供维修、洗衣、修鞋、快递收发、农产品收购等便民服务。

（3）提升型：对于人口在30 000人以上、商业较发达的乡镇，改造升级提升型乡镇商贸中心，一般经营面积为1 500平方米以上。除配备上述基本型乡镇商贸中心和增强型乡镇商贸中心具备的设施设备外，可根据实际需要，配备基本分拣配送设施、线上线下购物等相关设备以及建有固定停车场。提升型乡镇商贸中心除基本型和增强型乡镇商贸中心具备的功能外，还能够为居民提供休闲、娱乐、亲子、健身、生活服务等功能；提供农业生产资料、农机农具等销售和基本技术服务；具备简易仓储配送功能，为一定范围内村级商店、农户等提供小批量商品配送服务；发布线上线下生活服务信息。

4. 村级便民商店改造建设标准

积极推进村级商业的规范化建设，把县域商业村级末端建设好，引导电商、物流、连锁商贸流通企业、益农信息社运营商通过特许加盟、联营联销、供应链赋能等方式，新建改造一批村级连锁商店，加强对夫妻店、小卖部等村级现有商业网点的标准化改造，为村民提供日用消费品、农资、电商、电信、金融、邮件快件代收代投、涉农信息服务等多样化服务，保障农村居民就近便利消费和基本生活服务。在前期现状摸底的基础上，根据行政村的具体情况制定相应的改造建设标准，从经营规模、设施设备、实现功能几个方面由低至高分为三种标准：基本型建设标准、增强型建设标准和提升型建设标准。

（1）基本型：对于常住人口低于500人的行政村，建设改造基本型村级便民商店，其经营面积一般不低于30平方米（偏远、人口稀少的村庄可适度降低要求），商品单品（SKU）不低于100种。在设施设备方面，除特殊商品外，采取开架售货方式。悬挂醒目牌匾标识，店铺整洁，货物开架陈列，商品明码标价，实行索证索票制度。符合经营、住宿合用场所的消防安全要求。村级便民商店可以为居民提供油盐酱醋、小食品、日杂用品等生活必需品零售，满足村民就近、便利消费；能够提供生活缴费、邮件快递代收代投等服务；能够通过手机等移动终端设备帮助农民获取生产生活信息服务。

（2）增强型：对于常住人口500~1 000人的行政村，建设改造增强型村级便民商店，其经营面积一般在30~100平方米，商品单品（SKU）不低于300种，主要商品统一采购率不低于50%。除上述基本型村级便民商店具备的设施设备外，增强型村级便民商店根据实际需要，配置生活缴费、复印机、农资存放等设备，接入互联网和相关涉农服务资源。在提供的功能方面，增强型村级便民商店除上述基本型村级便民商店提供的功能外，还同时具备以下功能：提供水电、宽带、生活缴费、复印等服务；提供农产品需求、劳务、房屋等中介信息服务，以及农业生产、信息化等生产技能提升服务；提供简易农资农具等销售服务。

（3）提升型：对于常住人口1 000人以上的行政村，建设改造提升型村级便民商店，其经营面积一般在100平方米以上，商品单品（SKU）不低于500种，主要商品统一采购率不低于70%。除上述基本型和增强型村级便民商店具备的设施设备外，提升型村级便民商店根据实际需要，配置与连锁经营、小额存取等相适应的信息管理系统、ATM机等设施设备。提供农产品上行服务的村级便利商店，可配备真空包装机、冷柜、简易直播设备等。除上述基本型和增强型村级便民商店具备的功能外，提升型村级便民商店还同时具备以下功能：采取直营、加盟等连锁经营模式；提供小额存取代理等服务；提供小批量农产品、手工制品等的上行服务，包括包装、代销、快递代发等增值服务。

5.县级物流配送中心改造建设标准

县级物流配送中心是县域商业体系中一个综合性的物流枢纽，其功能非常丰富多样。不仅承担着接收、分拣、储存和管理货物的功能，还负责将货物从配送中心运输到乡镇、村，通过合理的线路规划和配送安排，实现物流供应链的高效衔接。作为信息交流的枢纽，县级物流配送中心连接了各方的物流信息，包括供应商、生产企业、运输公司、乡镇村物流中心等，实现信息共享和合作。总体而言，县级物流配送中心通过多种功能的协调运作，实现了物流体系的高效运转，为地方经济的发展和居民生活的便利提供了有力支撑。在前期现状摸底的基础上，根据县级配送中心的具体情况制定相应的改造建设标准，从经营规模、设施设备、服务效率几个方面由低至高分为三种标准：基本型建设标准、增强型建设标准和提升型建设标准。

（1）基本型：对于每平方公里人口密度小于100人的县，或西部交通不便、经济欠发达县，改造升级基本型县级物流配送中心，其占地面积一般在5 000~10 000平方米（地广人稀、偏远县可适度降低标准）。物流配送中心合理划分功能区域，包括但不限于收货区、仓储区、拣选区、发货区等。可根据实际需要，配备统一的货架、仓库、分拣、配送车辆等设施设备，实现部分基础设施和信息等资源的共享；场地设施符合消防安全、防淹排水等有关要求。物流配送中心可提供物流快递件的仓储、分拣、中转、配送等服务，配送至县城和主要乡镇村；对有条件的乡镇、村物流或快件吞吐总量占比20%以上。快递配送从县到村、从村到县不超过3日。物流配送中心提供开放、非排他服务。

（2）增强型：对于每平方公里人口密度为100~400人的县，或中西部交通较为便利、经济基础好的县，改造升级增强型县级物流配送中心，其占地面积一般在10 000~30 000平方米。除了基本型县级物流配送中心的设施设备外，增强型县级物流配送中心可根据实际需求，配备相应的冷藏冷冻设施及冷链物流车辆；建立仓储物流管理信息系统或快递信息查询系统，实现与项目承办企业信息管理系统以及采购商、配送网点进销存信息的互联互通。除了具备基本型县级物流配送中心的功能外，增强型县级物流配送中心同时具备以下功能：对有条件的乡镇、村物流或快件吞吐总量占比30%以上；快递配送从县到村、从村到县不超过2日；采取统仓共配等物流整合模式。在整合县域电商快递的基础上，搭载日用消费品、农资下乡和农产品进城双向配送服务。

（3）提升型：对于每平方公里人口密度达到400人的县，或东部交通经济较发达的县，改造升级提升型县级物流配送中心，其占地面积一般在30 000平方米以上。除了基本型和增强型县级物流配送中心的设施设备外，提升型县级物流配送中心可根据实际需要，配备自动化包装、分拣、装卸设备，加强条形码、射频识别技术、车载卫星定位装置等终端信息建设，鼓励农产品产区加强农产品产地预冷、多温区存储、低温加工等设施设备，推广应用冷藏保温车辆、低温物流箱等冷链设备，完善农产品冷链物流服务体系。除具备基本型和增强型县级物流配送中心的功能外，提升型县级物流配送中心还同时具备以下功能：对有条件的乡镇、村物流或快件吞吐总量占比50%以上；信息化、自动化、标准化水平较高；提供平台交易、运输监控、支付结算、大数据分析等全链条服务。

6. 农村快递物流末端网络的建设改造

加强农村快递末端网络建设可以拓展市场潜力，促进经济发展，改善农村居民生活品质，扩大"快递进村"覆盖率，推动农村电商蓬勃发展，加快乡村振兴。此举将提高农村物流效率，促进城乡一体化发展，同时为快递企业树立良好品牌形象。建设改造农村快递物流末端网络可以从以下几个方面开展。

（1）加快农村邮政快递网点站点布局：鼓励农村邮政、供销、电商、快递、交通、商贸流通等下沉网络和服务，以村级便利店、夫妻店、村邮站、村内公共服务设施为载体，建设改造一批村级寄递物流综合服务站，开展日用生活消费品、农资以及快件接取送达服务。鼓励偏远地区建设改造具备客运和物流服务功能的农村运输服务站点，发挥邮政普遍服务优势，加快村邮站、邮政综合便民服务站、村级电商服务站等现有网点设施的改造升级，提高村级快递通达率。

（2）增强农村寄递物流综合服务站服务能力：鼓励多站合一、一点多能、一网多用，推动村邮站、快递站点、便利店等共建共享，丰富邮件快件代收代投、电商交易、电商培训、信息查询、便民缴费等功能，提升可持续运营水平。

（3）加强农村寄递物流服务监督管理：加强寄递物流服务监督管理，依法查处未按约定地址投递、违规收费等行为，促进公平竞争，保障群众合法权益。

7. 农村物流共同配送的建设发展

共同配送是指多个物流企业通过共享物流资源，对同一地区的客户开展统一配送服务，是一种现代物流管理模式。共同配送将零散的货物、快递集中起来，能够显著降低物流成本，提高配送效率，适用于行业集中度低、客户需求分散、末端物流不发达的农村地区。

支持连锁经营、物流配送、电子商务等现代流通方式相互融合，促进线上线下互动发展，创新批发、零售供应链管理，健全县乡村三级物流配送体系。鼓励农村邮政、供销、电商、快递、交通运输、商贸流通等各类主体开展市场化合作，在整合县域电商快递基础上，搭载日用消费品、农资下乡和农产品进城双向配送服务，推动统仓共配。鼓励依托云计算、大数据、物联网等技术，创新发展智慧物流、众包物流、客货邮快融合等多种物流模式，充分调动社会运力资源，提升物流配送能力。支持农产品产地发展"电商+产地仓+快递物流"仓配模式，提高农产品上行效率，宣传推广农村物流服务品牌。

发展农村物流共同配送可从以下三种模式着手：

（1）"1+N"模式：由一家邮政、快递、物流、龙头连锁流通企业等牵头，与多家物流企业结成联盟，利用自建物流系统广泛开展共同配送。

（2）"N+1"模式：多家快递、物流企业签订协议，共同出资成立一家新企业，负责开展共同配送，并按比例分配利润。

（3）第三方模式：多家快递、物流企业委托一家第三方企业，进行业务整合，开展共同配送服务。

根据农村物流不同发展阶段，各地可按照"三步走"推进实现共同配送体系建设：

（1）初级整合阶段：鼓励电商、物流、邮政、快递、连锁流通等企业市场化合作，初步实现县级物流配送中心、村级寄递物流综合服务站、车辆、人员、线路等资源整合，以及对电商快递包裹的统一配送。

（2）统仓共配阶段：进一步将村级商店、合作社、农户等对象纳入共同配送服务范围，在整合县域电商快递的基础上，促进日用消费品、农资下乡和农产品进城等物流业务的集约整合，推动物流快递统仓共配。

（3）充分整合阶段：加强共同配送的数字化、自动化、标准化建设，针对生鲜、工业消费品、农资等不同快递物流件制定统一作业标准和流程，发展自动化分拣、立体化存储、机械化搬运、一体化仓配，应用射频识别、智能标签、电子订货、数据交换、信息定位、单元化集装等技术，推广供应商管理库存（VMI）等模式，引导共同配送企业全程标准化管理。

（五）细化目标，做到目标可量化

1. 制定省级总目标

为贯彻落实全国县域商业建设"十四五"期间总体目标，各省在前期现状摸底的基础上，结合本地区县域商业发展实际，依据《指南》《意见》所确定的工作内容，对照"三个全覆盖"目标，制定"十四五"时期全省总体目标、年度目标和任务、主要建设内容等。

例如，河南省结合前期现状摸底情况，制定了全省县域商业建设的总体目标：到2025年，全省实现县城综合商贸服务中心全覆盖，乡镇商贸中心全覆盖，村级便民商店行政村全覆盖，乡村物流快递通达率100%。新培育一批农产品产业化运营主体，助力一批商贸流通企业完成数字化、连锁化改造。布局建设1~2个国家级产地市场；争取创建3个左右国家骨干冷链物流基地、培育10个左右省级骨干冷链物流基地；公益性农产品市场覆盖率达到60%。江西省立足江西实际，以乡镇为重点，因地制宜，逐步建立完善县域统筹，以县城为中心、乡镇为重点、村为基础的农村商业体系，到2025年，在具备条件的地区，基本实现县县有连锁商超和物流配送中心、乡镇有商贸中心、村村通快递，城乡生产和消费连接更加紧密，工业品下乡和农产品进城渠道更加畅通，农村消费环境和消费水平持续提升。"十四五"时期，计划升级改造县城综合商贸服务中心60个以上；建设改造县级物流配送中心60个以上；建设改造乡镇商贸中心800个以上。江苏省提出，"十四五"期间，大力推动实施县域商业建设行动，以县镇（乡）村商业网络体系和物流配送体系为重点，建设和改造升级一批县域商业、物流配送、农产品流通设施和网点。到2025年，全省建设改造乡镇商贸中心200个以上、村级便民商店2 000

个以上、县级物流配送网点 50 个以上、村级末端配送网点 10 000 个以上，建设农产品产地冷藏保鲜设施 300 个以上，培育 40 个左右县域电商产业集聚区。

2. 制定年度分解任务

为实现全省总体目标，各省对照底数，分解每一年需要完成的工作量，制定年度分解目标。合理把握"前紧后松"节奏，各项工作尽量往前赶。目标任务尽量细化，落实到每一项具体的建设内容，做到可量化、可把控。

例如，河南省为实现"2025 年全省所有县（市、区）均达到基本型及以上建设标准"的总体目标，结合当前"有 23 个县（市、区）为未达到基本型，占比 21.9%；75 个县（市、区）为基本型，占比 72.4%；7 个县（市、区）为增强型，占比 6.7%，暂无达到提升型的县（市、区）"的底数，制定 2023—2025 年的分解目标：2023 年底，90% 以上的县达到基本型以上，"未达到基本型"的县下降至 10 个，占比 9.5%；"基本型"53 个，占比 50.4%；"增强型"35 个，占比 33.3%；"提升型"7 个，占比 6.7%。2024 年底，95% 以上的县达到基本型以上，"未达到基本型"的县下降至 5 个，占比 4.7%；"基本型"30 个，占比 28.6%；"增强型"55 个，占比 52.4%；"提升型"15 个，占比 14.3%。2025 年底，全省所有县（市、区）均达到基本型及以上类型，其中基本型 13 个，占比 12.4%；增强型 72 个，占比 68.6%；提升型 20 个，占比 19.0%（如图 2-5 所示）。

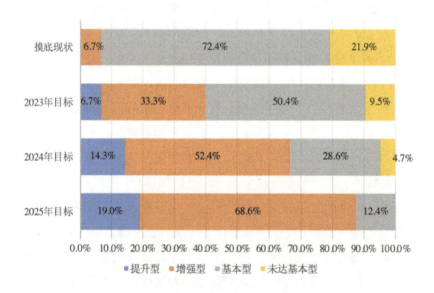

图 2-5 河南省县域商业建设年度分解目标

除了整体建设目标分解，各省还制定了在每项建设内容上的年度分解任务。以河南省为例，在县城商贸中心建设方面，河南省制定了"在2022年底、2023年底、2024年底和2025年底逐步提升覆盖率至90%、95%、98%和100%"的年度分解目标；在县级物流配送方面，制定了"在2022年底、2023年底、2024年底和2025年底逐步提升覆盖率至75%、85%、95%和100%"的年度分解目标；在乡镇商贸中心的建设方面，制定了"在2022年底、2023年底、2024年底和2025年底逐步提升覆盖率至76%、86%、96%和100%"的年度分解目标；在村级便民商店方面，制定了"在2022年底、2023年底、2024年底和2025年底逐步提升覆盖率至90%、95%、98%和100%"的年度分解目标；在快递进村方面，制定了"在2022年底达到100%覆盖率"的年度目标；在物流共同配送方面，制定了"在2022年底、2023年底、2024年底和2025年底逐步提升共同配送率至30%、35%、40%和50%"的年度分解目标（如图2-6所示）。

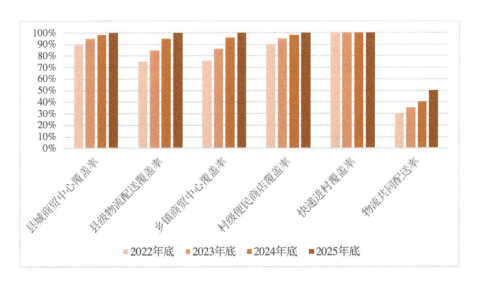

图2-6　河南省县域商业建设年度分解目标：各项建设内容

江西省制定的各项建设工作年度分解目标如图2-7所示。在县城商贸中心建设方面，基于"十四五"时期"计划升级改造县城综合商贸服务中心60

个以上"的总体目标，制定了"前三年原则上按照每年30%的进度推进，最后一年原则上按照10%的进度推进"的年度分解目标；在县级物流配送中心方面，对照"十四五"时期"计划升级改造县级物流配送中心60个以上"的总体目标，制定了"原则上按照每年25%的进度推进"的年度分解目标；在乡镇商贸中心建设改造方面，基于"十四五"时期"计划建设改造乡镇商贸中心80个以上"的总体目标，制定了"前三年原则上按照每年30%的进度推进，最后一年原则上按照10%的进度推进"的年度分解目标。

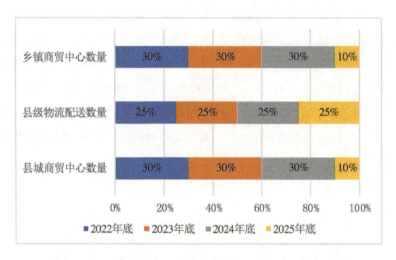

图2-7　江西省县域商业建设年度分解目标：各项建设内容

3. 明确市县分解任务

明确市县分解任务，各省压紧压实市县责任，将全省总体目标、年度分解目标进一步向市、县分解，分别明确总体目标、年度任务量。做到全省统筹规划、适时调整、稳步推进，实现全省总目标。

例如，江西省制定了省内每个市级年度分解任务，包括2022—2025年每年建设县城商贸中心数量、县级物流配送中心数量、乡镇商贸中心数量以及村级便民商店数量。河南省和广东省分别设定首批、第二批、第三批示范县，分步推进全省县域商业建设。

（六）加强监管，做到成效可考核

为强化支出责任，提高县域建设资金使用效益，推动县域商业建设行动落地见效，助力乡村振兴，各省应对县域商业建设的过程加强监管，对县域商业建设的成效给予及时评价。帮助发挥绩效评价"指挥棒"作用，加强结果应用，突出奖优罚劣，调动设区市积极性和主动性。坚持以评促建，建立健全常态化机制，强化监督约束，及时发现和改进不足，切实保障中央财政资金支出安全、规范、有效。

　　对照县域商业建设的目标，结合各省实际实施情况，根据县域商业建设的前期、过程、产出三个方面设定一系列评价指标，如表2-3所示。其中，评价县域商业前期工作的指标包括现状摸底的充分性、目标制定的合理性、资金分配的科学性；评价县域商业建设过程的指标包括预算实际执行率、资金使用合规性、管理制度健全性和制度执行有效性；评价县域商业建设产出的指标可参考《指南》给出的几项约束性指标：县城商贸中心数量/覆盖率、县城物流配送中心数量/覆盖率、乡镇商贸中心数量/覆盖率、村级便民商店数量/覆盖率、快递进村数量/覆盖率以及物流共同配送率。该六项指标用来衡量县域商业"三点一线"建设的成效。除此之外，各省还可设定其他自选指标，如培育龙头流通企业数量/覆盖县数、县域社会消费品零售额/年增速、乡镇集贸市场建设改造数量/占比、流通企业数字化转型率、农村网络零售额和增速、农产品产地冷藏保鲜设施数量、电商产业集聚区数量、经营农产品的公益性市场地市级覆盖率等自定义指标。

表2-3　县域商业建设评价指标

指标分类	指标
前期指标	现状摸底的充分性
	目标制定的合理性
	资金分配的科学性
过程指标	预算实际执行率
	资金使用合规性
	管理制度健全性
	制度执行有效性
产出指标	县城商贸中心数量/覆盖率

指标分类	指标
产出指标	县城物流配送中心数量/覆盖率
	乡镇商贸中心数量/覆盖率
	村级便民商店数量/覆盖率
	快递进村数量/覆盖率
	物流共同配送率
	培育龙头流通企业数量、覆盖县数
	县域社会消费品零售额、年增速
	乡镇集贸市场建设改造数量、占比
	流通企业数字化转型率
	农村网络零售额和增速
	农产品产地冷藏保鲜设施数量
	电商产业集聚区数量
	经营农产品的公益性市场地市级覆盖率
	其他自选指标

五、资金安排及项目保障制度

（一）项目申报

以项目申请审批制的模式展开县域商业建设的资金支持。由各县（市）推荐项目，建立市级项目库。各县（市）按照实施方案发布项目征集信息，在各自区域内征集项目，并对项目开展情况进行日常管理监督、资金奖补等。

项目建设周期可定在2~3年，项目建设周期结束后进行验收。重点支持以下方向的建设项目：①补齐县域商业基础设施短板类项目；②完善县乡村三级物流配送体系类项目；③改善优化县域消费渠道类项目；④增强农村产品上行动能类项目；⑤提高生活服务供给质量类项目。鼓励符合上述方向的企业及单位积极申报。

项目申报可以按照省级业务主管部门申报要求，组织各县（市）开展申报工作，资金来源于上级支持，各县（市）自主安排使用。

（二）县域商业项目保障制度

1. 资金管理制度

在资金管理工作中，各县（市）要明确资金分配、下达、使用和监管等各环节责任分工，确保在保障支出质量和安全的前提下，加快资金支出进度，尽早将资金分解下达到位。同时，各县支持的相关硬件设施或项目建设应符合国家、省及当地有关规定。

资金使用遵循"突出重点、科学论证、注重绩效"的原则，资金分配和使用情况主动向社会公开，接受有关部门和社会监督。县域商业补助资金不得用于征地拆迁、支付罚款、捐款、赞助、投资、偿还债务以及财政补助单位人员经费和工作经费。

中央财政补助资金必须专款专用，补助额度须在承建企业与政府签订的项目建设协议中清晰明确，并落实到具体实施方案中。

项目承建企业收到补助资金后，应当按照国家财务、会计制度的有关规定进行账务处理，严格按照规定使用资金，按资金性质分别核算，自觉接受监督检查。

2. 项目管理制度

（1）项目遴选

按照公平、公正、公开的原则，公示项目建设内容及承办企业条件，通过政府采购的方式选拔相关项目承办企业。

（2）组织实施

严格按照省级主管部门要求，结合各县实际，项目资金管理规定和项目验收工作方案，承建企业项目建设方案须报县政府批准后方可组织实施。

（3）资金拨付

由承建企业提出验收申请，项目主管部门按项目进度分阶段验收并作出验收结论，在县政府门户网站上公示无异议后，方可按相关规定和标准，将补助资金拨付项目承办企业，项目整体验收合格后，再拨付全部补助资金。

（4）项目验收

建立"企业目录+项目清单"机制，按照项目验收工作方案组织项目验收。一是明确验收主体。项目主管部门负责项目验收工作方案制定，委托第三方机构成立项目验收小组，具体组织项目验收工作。二是规范验收流程。项目验收小组按项目验收工作方案开展验收工作。在收到承办企业提交的验收申请后，分期分批对申请验收的项目进行审核验收，并给出"合格"或"不合格"的验收结论，由第三方机构出具验收报告。三是落实验收要求。验收应做到每个项目逐一实地验收、核对验收材料原件及相关数据。承办企业提交的验收材料及所有验收报告由项目主管部门存档备查。四是做好整体验收。县域商业体系建设项目基本完工并投入使用、中央财政资金拨付90%以上，由项目主管部门委托第三方机构组织项目验收，形成县域商业体系建设项目验收报告，报省级县域商业体系建设工作主管部门。

（5）资产管理

加强资产监督管理，明确资产权属和管护主体责任，对项目资金形成的资产按国有资产或企业资产有关规定进行台账编号登记，形成长效机制。

3. 日常监督机制

各县（市、区）加强项目监管，实施项目执行进度调度，跟踪实施项目的运营成效，建立项目调度台账，每半年向市商务局上报监管情况。工作中可根据需要引入第三方机构或市级业务主管部门联合成立监督管理小组，对各示范县（市）项目申报、资金管理、问题整改等开展明察暗访，督促问题整改。

4. 信息公开机制

加强信息公开，督促各县（市）在本级政府门户网站设立县域商业建设工作政务公开专栏，全面、及时、准确、集中公开公示项目实施方案、建设内容、资金安排与使用、决策过程、验收过程等信息，设立纪检、审计举报窗口，自觉接受社会监督。

县级项目主管部门与项目承办企业达成协议，凡接受财政补贴的项目承办单位，必须与商务部县域商业体系建设信息管理系统进行对接，及时更新项目建设、资金拨付等情况，按要求提供项目相关信息数据，各级主管部门依法保护信息安全，未提供完整信息的项目不得验收。确定专人按照有关数据报送要求，负责数据信息收集、整理、公开、更新和系统报送工作。

○ 第三章 县域商业体系建设存在的问题及对策建议

为促进我国县域商业健康发展，有必要对县域商业体系建设存在的问题进行全面的分析。基于课题组实地调研、国内外相关研究现状以及结合政府部门发布的官方资料，本章对我国县域商业体系建设目前存在的问题进行总结分析并提出相应的对策建议。

一、县域商业体系建设存在的问题

（一）网点布局

县域经济、乡村振兴、共同富裕之间存在着密不可分的联系。一方面，乡村振兴是实现共同富裕迈出坚实步伐的必然要求，是实现共同富裕目标的难点和潜力；另一方面，共同富裕是高质量实施乡村振兴战略的行动指引（黄承伟，2021）。县域经济发展与乡村振兴战略相耦合，2021年初，中共中央、国务院颁布的《中共中央 国务院关于全面推进乡村振兴加快农业农村现代化的意见》指出，要把县域作为城乡融合发展的重要切入点，加快县域内的城乡融合发展，为乡村振兴探寻更广阔的发展模式。共同富裕是县域经济发展与乡村振兴的共同目标。

县域经济一直是经济内循环的重要组成部分，中国有四分之三的人口分布在县域范围内，拥有巨大的人口基础，创造了全国大部分的购买力，对县域经济的深入挖掘必将带来巨大的市场需求（郭爱君，2021）。在"双循环"布局下，面对中美对抗与竞争的加剧以及全球经济下行趋势导致的国际贸易等方面的"外循环"紧缩，县域经济作为"内循环"的重要部分，若有良好的发展，必将为中国经济带来又一突破口。

聚焦于县域经济的城乡融合发展，必须解决的问题是如何更好地协调"城市—乡镇—村庄"之间资源、产业、功能等方面的错配、不均衡与缺失。不合理的布局将会带来市场壁垒、供给需求不均衡等问题，而通过县域经济的城乡融合发展与区域间网点的合理布局，可以在县域经济方面赋能"双循环"布局、乡村振兴和共同富裕。

与此同时，农产品上行、地产地销和扶贫等领域对网点数量与布局同样具有巨大需求。一方面，数字化平台是上述三者中不可或缺的一环。另一方面，进一步提高农产品流通速率，建立健全物流发展体系，提升百姓的生活水平与便利条件，都需要依托完善的基础设施、公平的政策法规和合理的商业网点布局。此外，县域商业网点布局涉及县域商业发展和服务供给的有效性。对县域地区的商业网点进行科学的规划和布局，合理安排并优化各网点的空间分布，是实现县域商业长期可持续发展的重要因素之一。提升县域商业网点布局质量，是优化县域经济结构的有效途径。然而，课题组通过调研发现，当前我国县域商业网点布局存在网点数量不合理、疏密不平衡、标准不高等问题，原因涉及政府、商家以及客观商业环境等多方面因素，具体表现如下：

1. 地区商业网点数量不合理，与当地经济发展状况不匹配

对于一个地区的县域商业网点布局而言，若此地区县域商业网点数量过多，则容易出现网点之间关系复杂、服务重叠等问题，不仅极大地增加了各商业网点的成本，而且也无法实现资源配置的最优化，资源浪费现象严重。若此地区县域商业网点数量偏少，网点密集度相对较低，那么该地区的资源就无法得到充分合理的利用，也无法较好地满足经济发展和人民生活的需求。只有当该地区县域商业网点数量适中时，各商业网点才能最大限度地发挥其功能和效用，并有效利用该地区的资源。

目前，全国已有许多大中城市先后颁布了社会商业管理、商业网点建设管理等地方性法规和管理办法，但有关县域商业的行业政策、法规体系建设明显落后，缺乏明确的县域商业网点布局规划和网点布局标准。在此背景下，我国存在部分县级城市仅有一个商业中心和若干小型社区商店，而部分城市县域商业网点数量过多，规划数量与本地经济发展情况极不匹配的现象。

县域商业网点数量应该与当地的人口规模、人口结构、经济活动和消费能力等因素相适应，即综合考虑相关因素后，依据当地经济发展状况确定合理的商业网点数量。在能够满足市民消费需求的基础上，合理规划商业网点的布局，确保商业网点能够覆盖到每个县域地区，数量既不能过于饱和也不能过于单薄。

德国地理学家克里斯塔勒提出的中心地理论也表明市场完善的商业空间组织结构应依据中心地的等级而定，商业网点要有层次性（张俊娥等，2018）。但实际情况是，商业网点主管部门参与规划建立网点工作乏力。各主管部门仅负责制定本系统的发展规划，各规划之间缺乏有效的衔接，导致规划或政策难以落实，加大了政府部门对县域商业调控和管理的难度。此外，县域商业行业管理组织如行业协会、专业协会等不健全造成管理"断层"，各县域商业网点得不到有效的监管和审查，导致网点布局方面存在一些不合理现象（徐凌云，2005）。

在此背景下，我国学者张俊娥（2018）用模糊综合评价法对中国28个地区县域商业网点总量进行了评价，评价结果表明中国县域商业网点布局总量存在问题，我国东部地区和西部地区均存在商业网点数量不合理现象。表3-1给出了全国各地区商业网点数量情况[1]，图3-1展示了2022年我国区域零售总额结构分布情况[2]。由此可以看出，东部地区经济发展水平较高，城镇化建设进程较快，应设置较多的县域商业网点；西部地区经济发展水平低于东部，人均GDP不高，居民消费能力较弱，人口密度相对较小，不需要设置过多的商业网点。但却存在东部经济发达地区（如浙江、江苏）县域商业网点数量少、西部经济发展水平较低的地区（如陕西、四川）县域商业网点数量多的现象。

表3-1　全国各地区商业网点数量情况

	数量等级	地区个数	各地区
商业网点数量	很多	11	北京、天津、上海、重庆、山西、黑龙江、吉林、内蒙古、四川、海南、广东
	较多	5	辽宁、陕西、江西、福建、广西

---

① 张俊娥.中国县域商业网点总量布局的统计评价[J].统计与决策，2018，34（20）：90-94.

② 国家统计局、高瞻智库https：//www.gongshengyun.cn/yunying/article-26267-1.html

数量等级	地区个数	各地区
合适	3	湖北、湖南、山东
较少	5	贵州、河北、浙江、甘肃、云南
很少	4	河南、安徽、江苏、宁夏

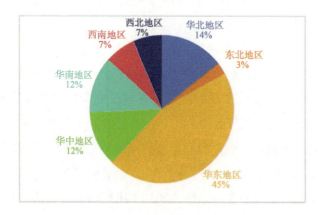

图3-1　2022年我国区域零售总额结构分布情况

2. 县城地区商业网点与乡镇地区商业网点疏密不平衡、布局散乱

我国在2021年发布的《县域商业建设指南》提出到2025年要基本实现县城有综合商贸服务中心、乡镇有商贸中心、村村有便民商店，高中低搭配、县乡村联动、衔接互补的县域商业网点布局。形成上述布局，政府、商家等单位的通力协作不可或缺。

信息的公开程度与宣传措施能提升经营者对网点布局合理性的重视程度。由于相关部门对商业网点经营者的培训力度不足，因此经营者对网点布局的合理性重视程度不高，经营规范化程度不高。政府部门对商家的政策宣传不到位，商家缺乏获取县域商业发展相关文件和政策的信息渠道，并且缺乏相关行业标准，导致目前经营者在进行网点建设和布局时常常存在"无法可依"的情况。

在政策宣传不到位的情况下，商家的经验缺乏与逐利本性也是造成布局问题的重要因素之一。部分商家由于缺乏相关的专业知识和经验，对了解县域商业发展的相关文件和政策主动性不强，经营理念和管理水平落后，不了解规范化和合理化的网点布局原则和方法，从而忽视了网点布局规范化、合理化的必要性和重要性，导致无法充分利用空间资源或者错误地利用了空间资源。而且当面临时间和精力的限制时，商家往往更多地关注当前经营任务的完成，而不愿意在繁忙的经营中抽出足够的资源来关注和改善网点布局，从而忽视了网点布局对长期经营效益的影响。此外，从成本角度而言，商家可能担心规范化和合理化的网点布局会增加建设和运营成本，而他们更倾向于降低成本、追求经济效益，将精力更多地投入在营销策略和营销业绩中，从而导致商家在网点布局方面做出妥协，导致网点布局不规范、不合理。据此结合现实情况，可以将县域商业网点布局存在问题的具体表现总结如下：

第一，县城地区商业网点数量较多、密度较大，大型商业网点往往也聚集在县城，甚至出现路路皆商的局面。过度密集的商业网点会引发一系列问题。首先，部分县城商业中心道路狭窄、交通拥挤，沿街密布的商业网点妨碍市民出行，影响了交通秩序，使交通与商业矛盾突出；其次，商业网点密集导致商家进行恶性竞争和剧烈价格战，不仅影响商业氛围的良好发展，而且可能会给消费者带来低质量、低价格或不良售后服务的影响，导致消费者整体消费体验下降。

第二，乡镇地区商业发展缓慢，网点数量相对较少、密度较小。乡镇地区的商业网点类型往往以中小型商超为主，缺少提供综合服务的商贸中心，无法较好地满足当地居民"一站式"购物和服务的需求。

第三，县城地区与乡镇地区的商业网点的整体布局较为散乱。部分商业网点的广告牌设置不规范、摆放不合理，使地区商业环境十分凌乱，严重影响到城市形象；一些个体经营户占道经营，甚至利用违规建筑营业，阻碍了交通出行，扰乱了市场经营秩序，干扰了居民生活；乡镇的商业网点普遍存在结构简陋、店铺环境杂乱、商品货架摆放混乱的现象，并且像"夫妻店"之类的商业网点往往商住混用，经营和生活区不分离，布局呈现散、乱、差的状况；多数商业网点的配套设施（如停车场、休息区）不完善，制约了商业功能的发挥。

3. 社区商业网点布局标准不高，发展缓慢

近年来，很多居住小区陆续兴建，但社区内商业网点布局标准不高、建设标准不够，并且由于新建居住区的投资环境不够吸引人，投资者在该地区

开展商业活动的意愿不强，因此在社区新建之初缺乏为居民提供各类消费品的商业网点，社区商业发展缓慢，社区商业中心亟待形成。

当前，新建居民区的投资环境主要存在以下几个方面的问题：第一，对于新建的居民区来说，由于其市场需求不够明确，难以准确评估潜在顾客的数量和购买力，因此投资者更倾向选择观望或寻找更成熟的市场。第二，新建居民区的商业环境和消费习惯尚未形成稳定基础，商家面临较高的经营风险和不确定性，因此他们可能担心投资后无法迅速收回成本，或者在面对激烈竞争和市场变化时无法适应。第三，新建居民区可能缺乏完善的基础设施，如道路、供水、供电等，商家往往不愿意在缺乏便利和可靠基础设施的情况下投资，因为这可能增加运营成本和不确定性。第四，新建居民区的商业网点可能面临激烈的竞争压力，尤其是在商业网点的数量相对较少时，商家出于担心自身在市场中的竞争优势和生存能力，在投资时往往会选择避开这样的市场。第五，新建居民区的商业网点可能缺乏相应的政策支持和资源。例如，缺乏对创业者的财政支持、商业培训和咨询服务等，这也使得商家在投资决策时感到缺乏支持和安全感，从而影响投资落地实施。

此外，县城社区的商业网点往往缺少必要的商业配套设施，营商环境较差。例如，部分餐饮店未设置专用排油烟道，油污乱排乱放；街道店面没有统一配备垃圾箱，店面垃圾主要靠沿街垃圾箱投放；部分商铺所在位置存在停车难、交通拥挤的状况，给商铺运营和顾客带来不便；多数商铺不注重保持经营场所的环境卫生，影响社区形象，造成环境污染；也存在少数商铺消防设施灭火器材配置不齐全，存在一定的安全隐患；部分网点经营者为了营业肆意装修房屋，破坏了房屋原有的建筑结构，从而带来安全隐患；沿街商铺的经营者随意占用街道，影响居民交通出行和安全，等等。

综上所述，我国县域商业网点总体布局不规范，缺乏统一的规划和管理。部分地区商业网点数量不合理，与当地经济发展状况不匹配；县城地区商业网点过于集中，不合理的网点位置严重影响了交通和环境，扰乱了市场秩序；乡镇地区的网点分布小散乱，商住混合模式普遍，无法跟上我国城镇化建设的步伐，不能更好地满足当地居民的需求；新建社区商业网点发展缓慢，社区内商业网点布局标准不高，缺少必要的商业配套设施。上述县域商业网点布局的不合理导致县域商业网点分散式发展，未形成完整的商业区和有效的商业模式，无法发挥商圈的正面效应。

（二）功能业态完备

目前，由于新的生活方式和消费趋势正在逐渐凸显，因此县域商业的功能业态也应随之进行升级完备。功能业态完备意味着市场可以通过提供多种不同类型的产品或服务来满足消费者的不同需求和偏好，从而丰富乡村消费市场，带动县域消费升级，达到刺激经济增长的效果，是县域商业引流获客中非常重要的一环。调研发现，我国县域商业的功能业态不够完备，目前依然存在着网点规模小、业态形式单一、业态结构发展不平衡以及不同功能的业态分布零散等问题，具体表现如下：

1. 县域商业网点规模小，功能业态发展受限

有限的市场规模不利于资源的流入，不能营造一个较好的商业环境，也无法为功能业态发展提供有力的支持。与大城市相比，县城或乡镇通常不具备足够的市场规模和消费潜力，这就限制了功能业态的引入和发展，最终导致商业网点无法提供多样化的商品和服务。特别是乡镇地区和一些偏远地区，其商业网点大多数面积小、商品种类少，无法提供大规模的购物空间，只能提供有限的商业品类，比如日常生活用品、食品饮料等。这就导致消费者缺乏多样化的选择。此外，其餐饮业、服务业严重短缺，文化娱乐设施发展也并不完善。

事实上，完备的功能业态能够为消费者提供更多的选择，使他们获得符合自己需求的产品或服务。目前，我国县域商业功能定位大多属于基本型，少数属于增强型，还有极少数属于提升型。并且，多数县域商业网点在服务功能上以商品零售为主，对专业化和个性化等服务兼顾较少，导致服务水平相对较低，无法满足消费者的需求和期望。由于县域商业功能离复合型商圈还有一定差距，因此其实现高档品牌消费业态、智能化消费模式以及线上线下融合消费场景等具有一定的困难。规模较大的市场通常会吸引更多的以发展功能业态为目的的参与者和竞争者，这有利于推动商业网点提供更高质量、更具创新性的产品和服务。

综上所述，市场规模的大小对功能业态的完备性具有较大影响。符合市场需求的较大规模的商业网点不仅能够为消费者提供多样化的选择，促进创新和竞争，还能提供良好的商业环境并促进经济的增长。因此，对于企业来说，在功能业态发展中了解并考虑市场规模是至关重要的。

2. 商业投资吸引力弱，功能业态形式单一

县域商业网点业态简单且雷同，存在互补性不强、独特性和差异性不足、经营同质化严重以及辐射能力弱的问题。商圈内业态单一，只集中在基础的日常性商品和服务上，导致同行业竞争水平低。此外，县域连锁经营规模小，高档商品的商业零售网点严重不足，一些县级城市的商业中心地段也没有形成繁华的购物中心，这都会对当地的经济发展产生了较大的影响。

《2021—2025 年中国社区商业"十四五"发展规划指引》[①]指出，社区商业网点应具备一系列满足居民消费需求的功能，具体业态示例如表 3-2 所示。但实际上，这种理想情况并不多见。虽然近年来很多居民小区都在陆续兴建，但由于受到资金和政策吸引不足、风险与不确定性高以及基础设施不完善等问题的限制，一些社区在新建之初就缺乏为居民提供各类消费品的商业网点，从而导致了社区商业网点功能业态形式单一的结果，而且社区商业中心亟待形成，形成过程也较为缓慢。

表 3-2　社区商业网点业态示例

业态	类别	示例
必备业态	购物	菜市场、综合超市、便利店等
	餐饮	早餐、快餐、主食店等
	服务	理发店、裁缝店、洗衣店等
选择业态		娱乐场所、大型购物中心、事业单位等

当前，商业企业为获得更好的发展机会和回报，通常会选择在潜力较大的地区进行投资。因此，当一些县域商业网点没有为当地带来有效的经济发展，且这些地区的人均收入水平以及经济发展水平本身就相对较低、消费能力有限时，这个地区的商业投资吸引力可能就较低。图 3-2 展示了近十年我

---

① 中国社区商业工作委员会. 2021—2025 年中国社区商业"十四五"发展规划指引[Z]. 2021.

国城镇与农村社会消费品零售总额①，通过数据比对我们发现农村的消费能力弱于城镇地区。

图3-2　2012—2022年全国社会消费品总额零售

此外，还有一些原因也会导致县域地区的商业缺乏投资吸引力。首先，县域地区尤其是乡镇的交通、能源、通信等基础设施的相对欠缺会限制商业网点的发展。如果没有良好的基础设施支持，商业网点很难进行生产和运营，这就使得投资者可能会选择更适合的地区。其次，一些县域地区的政策扶持力度可能不足。对于一些发达地区而言，其往往会通过减税、减免企业费用、提供补贴等手段吸引投资，而相比之下，这些政策对于县域地区来说并不充分。再次，县域地区的人力资源相对较为匮乏，高素质人才不足。这将限制技术创新和商业网点发展的潜力，影响投资者对该地区的兴趣。最后，县域地区的宣传力度和信息披露相对有限，缺乏吸引投资者的有效渠道，投资者可能对该地区的发展机会缺乏了解，进而影响了其投资决策。

与此同时，较低的投资吸引力往往更容易导致商业网点的业态受到限制，

---

①　中经数据. https://ceidata.cei.cn/

从而无法引入更多高端品牌或专业化服务。因此，商业企业可能对县域地区的市场前景和潜在收益持谨慎态度，不愿对此地区的新业态进行投资，导致县域商业实现功能业态完备受阻。

3. 业态结构的优化缺乏重视，业态结构发展不平衡

当前，一些县域城市的发展理念和意识相对滞后，缺乏战略规划和发展愿景，长期依赖固定的产业结构和经济发展模式。在这种情况下，县域城市可能没有意识到业态结构优化对经济发展的重要性，从而影响了业态结构的发展。从业态结构上看，当前我国县域商业以传统商超为主，超市、菜市场、百货商店等传统业态占比较大，而商务办公、健康服务、娱乐休闲、教育学习等新型业态所占比例较小且更新速度缓慢，电子商务发展也相对滞后。图3-3展示了2020年我国网络零售与县域网络零售对比情况[1]，由此可以看出，2020年县域网络零售总额较低，县域电商发展较为缓慢。

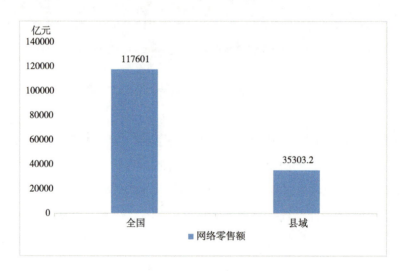

图3-3　2020年全国网络零售与县域网络零售对比情况

与此同时，不少"新业态"网点仍采用老旧的经营方式，在管理、组织等方面没有充分应用"新业态"的经营理念、组织方法、管理制度和营销方式，从而影响了经营效益。虽然传统业态在提供基本产品和服务的同时，也

---

① 国家统计局. http://www.stats.gov.cn/ztjc/zthd/lhfw/2021/h_hgii/202103/t20210301_1814216.html

为其他行业提供了许多关键的供应链环节，但仅仅依靠传统业态的发展难以应对时代变革给县域商业所带来的挑战。新型业态的引入和发展可以促进县域经济的增长，其特色和创新点可以为县域商业打造独特的品牌形象。因此，县域商业应该注重传统业态和新型业态的协同发展，以实现全面和可持续的商业发展。

此外，由于一些县域城市对新型业态缺乏足够的认知和了解，认为新产业的风险和不确定性较大，对于培育这些新业态所需的政策和支持措施也不明确，因此其对新型业态的接纳有所不足。加之部分县域街道未进行总体功能规划，因此开店所经营的项目随意性较大，想做什么行业就做什么行业，处于一种放任自由的状态，这就导致了业态结构不合理、业态结构发展不平衡等问题。

因此，县域城市主管部门应该充分考虑新型业态的社会需求，积极适应消费需求多元化的趋势，加强战略规划和发展愿景的制定，鼓励发展多样化、个性化和体验式的各类新型业态，为县域商业注入新的发展动力与活力。

4. 不同功能的业态分布零散

我国县域商业诸如理发、餐饮、娱乐等不同功能的业态分布零散，商业群组合紊乱，特色不明显，没有形成适合不同消费群体的商业层面结构，难以形成规模效应与集聚优势，导致居民无法享受经济发展带来的商业福利。

此外，县城和乡镇缺乏容纳不同业态组合的商业综合体或商贸中心，无法将商务、办公、休闲、演艺、购物、酒店、居住等业态融合，使商旅文体业态集聚，提供购物、休闲和娱乐的一站式服务，以满足居民消费升级的需求。区别于一、二线城市的商业综合体，更区别于专业市场和社区商业，县域商业综合体既可以改变原有商业散、乱、差的低端形象，又可以满足居民生活与文化需要，是集餐饮、娱乐、休闲、演艺、购物、宾馆等多种功能于一体的新型商业平台。县域商业综合体具有区域级商业功能，可以有效推动县、乡、村三级联动，提高群众生活质量。

综上所述，我国县域商业功能业态尚不够完备。具体而言，县域商业网点的规模大小，会影响到功能业态的完备性。有些地区商业网点规模较小时，无法提供完善的服务功能和多样化的商品选择来满足消费者的期望与需求。同时，县域商业网点的功能业态形式单一，使行业的竞争力较低，在这种情况下，投资吸引力也会较低，因为投资者不仅关注当地发展的现状，还关注当地的发展潜力，进而做出他们的投资判断。此外，大多数县域城市不注重业态结构的优化，发展理念与意识较为滞后，传统商业居多，新型业态较少且发展缓慢，业态结构不均衡。最后，不同功能的业态分布零散，县域缺乏商业综合体，无法形成特色商业区。因此，贯彻新发展理念，提升县域经济水平是县域商业功能业态发展实现新突破的必要优化策略。

（三）市场主体多元

经济发展的根基在于市场主体。促进县域经济发展，就应不断培育和激发市场主体活力。不同类型的市场主体可以在不同领域、行业和业态中发挥各自的优势，推动产业升级和创新驱动发展。然而缺乏多元化的市场主体，可能导致经济发展的不稳定性。通过调研发现，目前，我国农村商贸流通业存在主体缺失、体系发展落后、县域商业市场主体类型单一、结构不合理，以及主体共同参与度有待提高等问题，具体表现如下：

1. 农村商贸流通业主体缺失，体系发展落后

农村商贸流通是城市与农村之间的商品流通，能够促进城乡一体化进程的发展。目前我国农村商贸流通业发展较为滞后，政府等有关机构部门对农村商贸发展做出的决策和支持不够全面，同时也没有完善的法律法规保障，导致农村市场中商贸流通经济发展不合理、市场混乱、不公平竞争等现象，严重影响了农村商贸流通业和农村市场经济的发展。

从历史性因素来看，自工业经济以来，我国重点发展重工业且重视城市经济发展，对农村经济的重视力度有所下降，从而导致我国出现比较严重的二元化经济市场。城乡发展失衡严重制约着农村商贸流通业的发展，随着失衡情况的加剧，最终导致城乡经济发展形成较大差异。从现实性因素来看，根据全国商贸流通发展态势，农村商贸流通体系的发展严重落后于城镇（贾佳，2018）。表3-3给出了近十年来城镇居民和农村居民消费水平情况[①]。如表3-3所示，农村居民消费水平长期低于城镇居民，并且农村的购买力与消费档次与城镇也存在一定差距，导致农村市场交易额远远低于城镇市场交易额，

---

① 国家统计局. http://www.stats.gov.cn/sj/ndsj/2022/indexch.htm

而且城镇市场的交易增长率也明显高于农村，由此可知农村的商贸业发展严重滞后于城镇。表3-4展示了2017—2021年城镇和农村就业人员的数量对比情况①，由此可以看出农村就业人数低于城镇就业人数。事实上，由于农村经济发展落后，人们更倾向于选择到城市工作，因此导致农村商贸流通人才流失严重，从而对农村商贸流通的发展带来了一定的阻碍。

表3-3 2012—2021年城镇居民和农村居民消费水平

年份	绝对量（元）		指数（上年=100）	
	城镇居民	农村居民	城镇居民	农村居民
2012	20 869	6 573	109.1	107.1
2013	22 620	7 397	107.9	105.7
2014	24 430	8 365	108.4	105.9
2015	26 119	9 409	109.5	106.9
2016	28 154	10 609	108.2	105.6
2017	30 323	12 145	106.6	104.0
2018	32 483	13 985	107.4	104.7
2019	34 900	15 382	106.1	104.6
2020	34 043	16 046	97.5	95.4
2021	37 994	18 601	111.9	110.3

表3-4 2017—2021年城镇和农村就业人员数量　　　　单位：万人

年份	城镇就业人员数量	农村就业人员数量
2017	43 208	32 850
2018	44 292	31 490
2019	45 249	30 198
2020	46 271	28 793
2021	46 773	27 879

① 国家统计局. http://www.stats.gov.cn/sj/ndsj/2022/indexch.htm

此外，参与农村商贸流通的个体主要是分散的个体农家店、小型私人商业企业和贩售商等，这些个体虽然具有一定的经验和技能，但它们的规模小、社会组织化程度低、发育程度不高，与生产商、供应商以及新型农业经营主体之间缺乏有效对接，并且在生产和销售中常常出现市场信息不对称、售后服务不到位等问题，以至于它们无法成为农村商贸流通真正的主体，承担起农村商贸流通的主要职能，因此极大制约了农村商贸流通业的发展。

由于农民的商品通常通过供销社来分销，而供销社的承包对策是流通局面逐渐被个体经营主导，因此导致了我国农村商贸流通主体缺失，竞争力低下（贺永泉，2017）。农村商贸流通主体的缺失主要体现在农产品流通主体缺失、农用物资与日用品流通主体缺失等方面。在流通主体缺失的情况下，我国农村商贸流通的主要方式是单个农户面向市场销售农产品，由农产品贩运商负责收购，农家店则作为农用物资和日用品的主要供给者。然而，这种方式给农村商贸流通导致了高成本、低品质和高风险的后果，降低了农业经营的预期收益，增加了农民在农村生活的成本，造成了我国农村商贸流通的混乱局面（张如意和张鸿，2011）。

2. 县域商业的市场主体类型较为单一、结构不合理

县域地区的资源相对较匮乏，主要体现在人力资源、物资资源、资金资源等方面。缺乏必要的资源会限制不同类型的商业主体在县域地区的发展和生存能力，因此对县域商业的市场主体向多元化发展带来了阻碍。此外，许多县域地区的市场主体结构存在着不合理的现象。特别是村级商业网点经营者多为个体工商户，它们往往经营规模小，特色不明显，市场竞争力不强，从而难以胜任流通主渠道角色，不利于县域商业的高质量发展。

县域商业市场中供给主体相对单一，往往由少数几个大型企业垄断市场。单一的供给主体力量无法满足纷繁复杂的市场需求，因此在供给过程中难免存在"缺位""错位"等问题，使消费者的权益受到限制。此外，县域商业市场的监管主体较少，通常只有当地政府或市场监管部门承担监管责任，这可能导致监管不力、执法不严，存在监管空白或监管不到位等问题。

县域商业市场主体中缺乏多类型企业的参与，例如创新型企业、高科技企业、服务型企业等。企业类型单一，难以适应多样化的市场需求，而且缺少各类企业的竞争和驱动，也会使得县域商业缺乏持续的创新活力和发展动力。此外，农村市场中的企业规模有限，且整体发展水平较低，缺少能够发挥带头作用的龙头企业，难以对农村商贸供应链进行有效整合，导致我国农村商贸流通出现产销脱节的现象。

3. 商务部门、地方政府、大型零售平台三方主体的共同参与度有待提高

依据课题组的调研情况来看，县域大型零售企业平台较为缺乏且助力县域商业发展的作用仍需提升。尽管商务部门、地方政府、大型零售平台三方主体在推动县域商业发展中的共同参与度不高，但这三方主体在县域商业建设中的作用确实不容忽视。

首先，商务部门在县域商业发展中发挥着重要的引导和支持作用。商务部门通过制定并实施相关政策，提供专业指导和建议，帮助县域商业实现规范化、专业化和现代化发展。

其次，地方政府在县域商业发展中具有决策、协调和推动的职责。地方政府可以通过制定产业发展规划，提供土地、税收和财政支持等政策措施来吸引投资并优化县域商业环境。与此同时，地方政府还可以对县域商业起到监管和服务的作用，提供便利的办事流程、优质的公共设施和基础设施，为县域商业发展提供良好的营商环境。

最后，大型零售平台作为商业服务的重要载体和渠道，可以为县域商业提供技术支持、市场拓展和品牌传播等方面的帮助。具体表现在：一方面，大型零售平台可以与县域商家进行合作，提供电商平台搭建、网络推广、物流配送等服务，帮助县域商业拓宽销售渠道、提升市场竞争力；另一方面，大型零售平台也可以向县域商家提供市场信息和消费趋势的反馈，帮助他们更好地适应市场需求和变化。

总而言之，推动县域商业发展，需要商务部门、地方政府以及大型零售平台三方主体的共同参与，这样的合作有利于有效整合资源、共享信息和提供支持。

综上所述，市场主体多元问题具体表现在：农村商贸流通主体的缺失对农村经济的发展速度和发展水平造成了消极影响；农村商贸流通业主体与生产商、供应商以及新型农业经营主体等之间缺乏有效对接，限制了县域商业整体发展的潜力和效益；县域商业市场主体单一化、结构不合理，难以推动县域商业发展。因此，应培育多元化的农村商贸流通主体，鼓励多种类型的市场主体进入县域地区；同时，使商务部门、地方政府和大型零售平台三方主体共同参与，促进政府引导、企业主体、市场力量的有机结合，形成推动县域商业发展的多方合力，这对于县域商业的发展和进步具有重要意义。

（四）双向物流畅通

城乡双向物流体系是指与农产品销售物流、农村生产资料物流及消费品供应物流等相关的各个要素相互作用、相互联系而构成的一个有机整体。主要包括两个方面：一是指农产品从农民或农产品经营者手中流向城市市场终端消费者手中的物流链，即"农产品上行"，该物流链与农产品的易腐性、廉价性、品质差异性、运输实物损耗性具有密切联系。二是指工业品和消费品经过批发市场或物流配送中心，流入农村消费者手中的物流链，即"工业品下行"，主要涉及价格差异、商品质量、售后服务等问题。从物流主体考虑，建立城乡一体化的双向物流体系能够使城市与农村的各类市场主体特别是农户、农民合作经济组织、非公有制物流服务提供商、各种类型的零售终端平等地进入市场。从现代大物流角度看，城乡双向物流涉及信息收集处理及农产品生产、加工、存储、包装、运输、配送和废弃物处理等综合服务或流程。但目前城乡物流体系既有物流主管部门从上到下的"条条"分割，也有各部门之间的"块块"分割。因此，如何打破行业垄断和地区封锁，使之构成一个有机整体，是建设城乡一体化物流体系的关键环节。调研发现，目前在双向物流畅通方面存在农村物流配送难、城乡物流体系分割、农村物流渠道不畅，以及农村物流基础建设落后等问题，具体表现如下：

1.发展农村电商和快递物流配送面临的困难

第一，基础设施不完善，物流技术落后。与城市相比，县域商业体系在交通、仓储等方面存在较大差距。农村的基础设施建设缓慢，落后于城市及社会的发展，阻碍了农村电商及物流行业的发展步伐。同时，农村地区没有先进的冷藏技术，部分水果蔬菜在运输期间的新鲜度无法得到保障，由此可知落后的物流技术也制约了电商物流在农村地区的发展。

第二，物流体系不健全，网点覆盖不全。在农村电商和快递物流配送市场发展期间，市场分布较为分散、各收货点之间距离较远、交通不通畅等问题导致快递员在配送期间需要花费更多的时间和配送费用。同时，由于农村物流的现状表现为订单分散、信息化和标准化程度低、频次少等，因此在进行物流活动期间所形成的成本费用高于利润，很多快递公司不愿在农村地区设置网点，从而导致农村大部分地区都尚未实现物流的全面覆盖，制约了电商在农村的发展。

第三，共同配送有待推进。共同配送是县乡村三级物流体系建设和"快递进村"的重要支撑。以安庆市为例，表3-5展示了2022年安庆市部分地区的共同配送率情况[①]，可以清晰地看到部分偏远山村快递服务仍具有较大的提升空间。由于县乡村商贸物流、农资物流、电商物流、农产品消费等领域基本各自为政，因此造成了村级配送覆盖面不广、效率低、成本高的现状。

表3-5 2022年安庆市部分地区共同配送率一览

地区	共同配送率
建制村	约50%
岳西县	20%
太湖县	15%

2. 城乡物流体系分割，农村物流渠道不畅

目前，城乡双向流动的物流体系建设面临城乡物流体系分割、农村物流渠道不畅，从而导致农村物流成本过高、农民增收不快、消费市场混乱等问题。因此，城乡双向流动的物流体系的建立与完善，不仅会对城市现代企业的规模扩展、市场布局产生积极影响，更重要的是能够对农村商贸经济的繁荣起到推动作用。然而，由于农村与城市经济的分割，广大农村的市场与物流非常落后和封闭。从现实情况来看，占全国2/3的农村人口，农民的社会消费品零售额仅占全国社会消费品零售总额的1/3，他们的人均商业面积仅为城市的1/10。而物流主体的组织化程度低，主要是分散在商贸流通各个环节的众多小规模主体参与，农户自行购买所需的生产、生活资料，农产品自行销售，并独自承担相应的产品物流活动。

---

① https://mp.weixin.qq.com/s?__biz=MzUxNDQ5Nzg3Mw==&mid=2247494807&idx=4&sn=8a0711bd 0d1c7fe2242a9d0ea64215f5&chksm=f947a0a9ce3029bf1740f8ca615b934811aba5935759

近年来，随着农村商贸市场体系改革的推进，超市下乡和农产品进城发展势头良好，但这些单向性做法仍是偏向城市，主要从城市利益出发，出于保障城市企业供应链的上下游通畅及扩大城市居民福利等的考虑。然而特别是基于城乡、区域和行业间的条块分割，行政干预和市场割据导致物流成本居高不下，致使农村流通成本高的问题极为突出，而物流体系建设对农村经济和农民收入增加的带动作用尚不明确。以农产品进城为例，发达国家农产品超市销售比例达70%，甚至95%，而我国平均只有6%（宋宇，2011）。由于交易的不平等性、农民信息闭塞等因素，在价值链的收益分配上，城市销售者的利润比农村生产者高2~3倍，后者收入仅为零售价格的1/4至2/5（程国强，2007）。

3. 农村物流基础建设落后，专业化水平低

由于农村物流基础建设落后，城乡流通过程中长期存在商品进不来、出不去的"围城"现象。例如，物流费用占国内生鲜产品总成本的比重高达70%，水果、蔬菜等农副产品在运输、储存等流通环节的损失率为25%~30%，而发达国家则控制在5%以下（程国强，2007）。农村物流专业化、市场化、现代化、信息化和社会化水平均较低。虽然农村物流总体数量庞大，但农村物流服务个体规模小，农村市场多而分散。多数农村物流存在着主体专业化程度不高、工作效率低、仓储设施落后，服务质量无法满足农产品流通的服务要求等问题。虽然我国从事农产品购销经营活动的农村合作经济组织已超过2万个，从事农产品流通、科技、信息等服务活动的农村经纪人达600万，但农村市场实行连锁经营的交易额占总交易额的比重不足10%，而城市居民消费中连锁交易比重已达70%（程国强，2007）。

4. 物流体系政策法规不健全

近年来，城市虽然具有强烈的扩展工业品市场物流的要求，也有分割农产品市场物流的倾向，但烦琐的审批制度、政策规定、庞杂收费、税制缺陷、行政垄断、地区封锁、标准混乱以及人为障碍等原因致使流通开支一直居高不下。财政分灶、部门分割、地区封锁、地方保护等各种因素聚焦在农产品流通上，名目繁多的过路费等问题加大了农民负担和城市居民负担。因此，在城乡一体化新格局下推进双向物流体系建设是农村地区在较短时间内实现物流体系升级的新动力。

综上所述，城乡物流双向畅通的问题源于乡村发展落后于城市的现状，导致物流配送在乡村发展面临诸多问题。因此，在发展乡村物流体系的同时要注重乡村建设的整体发展，下层基础决定上层建筑，唯有经济与物流同步发展，才能有效解决县域商业发展过程中双向物流畅通问题。

（五）消费安全与便利

营造便利、安全、放心的农村消费环境，能够更好地满足农村居民的美好生活需要，增强农村居民的获得感、幸福感和安全感，促进农村消费潜力释放，为推动扩大内需和实现乡村振兴提供支持。将恢复和扩大消费摆在优先位置，优化农村消费环境，扩大农村消费，是社会各界关注的重点。调研发现，目前消费安全与便利方面存在商业网点辐射带动能力有限、工业品下行和农产品上行缺乏平台型企业、商业设施服务水平亟需提升，以及农村经营者素质不高等问题，具体表现如下：

1. 大型商业网点聚集县城，对周围乡村的辐射带动能力有限

以某调研区域为例，在区域内的12个县中，平均每个县有2~3个大型商业网点覆盖。虽然县城中的商业发展可以满足居民的基本购物需求，但县城商业对乡村的聚集辐射能力不足。表3-6给出了我国2023年上半年城乡居民收支主要数据[①]，由此可看出，2023年上半年，农村居民的人均消费水平远低于城镇居民的人均消费水平。通过调研，我们发现县城的商贸中心多数没有购物班车，乡村中的消费者无法知晓县城中的商业活动，也不便于前往县城消费。这使得乡村居民无法得到更多的便利和好处，而商业发展的局限性也进一步限制了对乡村商业要素的聚集作用，对乡村振兴、支撑城乡融合发展起到的促进作用较小。

表3-6 2023年上半年城乡居民收支主要数据

指标	绝对量（元）	同比名义增长（%）
城镇居民人均消费支出	15 810	7.7
按消费类别分：		

---

① 国家统计局. http://www.stats.gov.cn/sj/zxfb/202307/t20230715_1941274.html

续表

指标	绝对量（元）	同比名义增长（%）
食品烟酒	4 740	5.0
衣着	962	5.3
居住	3 831	3.9
生活用品及服务	899	7.4
交通通信	1 989	9.2
教育文化娱乐	1 505	16.3
医疗保健	1 421	17.0
其他用品及服务	463	16.1
农村居民人均消费支出	8 550	8.5
按消费类别分：		
食品烟酒	2 772	7.1
衣着	494	4.0
居住	1 746	6.4
生活用品及服务	480	7.2
交通通信	1 141	7.8
教育文化娱乐	796	14.5
医疗保健	945	16.5
其他用品及服务	176	6.7

此外，目前营造农村消费环境仍然存在一些制约因素。与国际领先水平相比，我国农村集贸市场、物流集散中心、冷藏仓储库等农村流通设施水平较低，导致水果腐损率、蔬菜损耗率相对偏高，需要进行进一步的改善与优化。同时，农村商业网点布局不合理，疏密程度不够均衡，有待完善。农村养老、医疗、旅游等服务消费供给也有待进一步丰富。发展乡村旅游有助于促进城镇消费向乡村转移，带动县域经济发展，扩大农村消费。

2. 工业品下行和农产品上行缺乏平台型企业

县域商业体系承担着农村地区商品流通的重要任务，在工业品下行和农产品上行中发挥着举足轻重的作用。2023年8月15日，商务部流通发展司司长李刚强调要加大财政投入力度，2023年至2025年将继续安排中央财政资金，支持各地不断完善县域商业网络和物流配送体系，使农产品进城和工业品下乡的渠道更通畅。同时，也呼吁整合各部门优势资源，促进村邮站、电商服务站点、农村便利店等网点设施共建共享，推动"多站合一、一点多能、一网多用"（景远，2023）。

目前，部分地区县域商业体系在工业品下行和农产品上行中主要存在的问题是缺乏有效的平台型企业。一方面，在工业品下行中，家电和电子产品等工业品的流通主要依靠县城的大型商业网点和电商平台，原有的供销社体系缺失使得整体的工业品下行渠道较为分散。并且，以乡镇和农村一级的中小型商超作为工业品销售的渠道，导致了农村居民的工业品消费较为不便。另一方面，在农产品上行中，缺乏平台型企业的统一协调与管理，导致农产品上行在运输时交通不便、菜品在运输途中易腐烂，难以做到"收得了，运得出"。以北京市部分县域为例，其农产品上行目前主要依靠农村"夫妻店"独立完成，由于其各自为政、缺乏统一的协调与管理，容易出现较大不确定性。在疫情期间，其农产品上行就出现了较大波动，并对当地消费旅游的发展产生了一定影响。事实上，供应链短板导致了大量的资源浪费，若想提升财政资金使用效率，其核心是源头直采，实现真正的供应链再造。此外，由于农民群体相对比较封闭，不敢与企业谈收购、做对接，即使存在有效的平台型企业也无法达成合作，因此还需要政府去做进一步的引导。

综上所述，拥有一个有效的、大型的平台企业是非常重要的，它在方向上与县域企业一致，具有协同作用。同时可以解决农村电商规模小、规范度差和缺乏诚信等问题，为农村居民提供保障。另外，大型平台企业的实体性也使得企业决策与行为更加可靠。

3.农村便民商业设施建设和商品服务供给水平亟需提升

调研中我们了解到，当地村级便民商店建制村中基本已实现100%覆盖率，但规模较小且大部分为夫妻店，功能局限在提供日常消费品，商品供给品质不高，且大部分商品为自采。这种便民商业发展的滞后性带来了诸多问题：首先，农村便民商业中食品安全问题突出，农村消费者的权益保障力度有待提高。其次，农村商业网点经营管理不规范，货架和区域布局杂乱无序。

部分商超虽然售卖蔬菜、肉类等食品，但与其他商品摆放在一起，并且门店内的卫生情况较为脏乱。部分商超门店生活区和营业区没有分隔开，违反了消防规定，存在较为严重的安全隐患。最后，农村商超普遍都没有POS机，仍然采用手工记录、计算器算账的方式进行最基本的价格管理，导致商超对自身商品的价格和盈利情况缺乏清晰的认识。

4. 农村经营者素质不高，诚信意识差

部分调研企业针对经营者的问题进行了反映："在与农村经营者合作过程中，他们可能存在毁约或从外地调货以次充好赚取利差的情况，不利于企业的长期合作与发展。"针对上述问题，企业因地制宜地提出了"品牌专区"方案，方案以道德约束形式展开，通过设置蔬菜"农民代言人"的形式从农民道德底线与精神价值方面进行约束和激励，提升合作诚信度与稳定性。

农村商店的经营者大多是农民。通过表3-7展示的近五年我国农民工年龄构成情况以及图3-4展示的2022年我国农民工所受不同教育的比例[①]可以看出，我国农民工普遍年龄偏大、文化程度低，对法律知识、商品知识了解有限，这就导致部分经营者诚信意识差，对进货渠道把关不严，进货大多只追求便宜与高额利润，无视厂家的正规程度与产品质量的好坏。在农村，商店和小卖部是农民主要生活用品的来源地，而这些经营者虽然经营地点不同，但他们所销售的商品却大同小异，因为他们进货的渠道基本是相同的，哪个供货商的商品便宜，就进谁的货，往往不多过问，忽视是否属于合法经营等问题，只注重价格，不注重质量，进货时也不索证索票，导致出现问题时无

表3-7　农民工年龄构成　　　　　　　　　　　　　单位：%

年龄组	2018年	2019年	2020年	2021年	2022年
16~20岁	2.4	2.0	1.6	1.6	1.3
21~30岁	25.2	23.1	21.1	19.6	18.5
31~40岁	24.5	25.5	26.7	27.0	27.2
41~50岁	25.5	24.8	24.2	24.5	23.8
50岁以上	22.4	24.6	26.4	27.3	29.2

①　国家统计局. http://www.stats.gov.cn/sj/zxfb/202304/t20230427_1939124.html

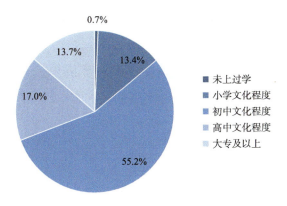

图3-4 2022年农民工所受不同教育比例

从寻根求源。还有部分生产经营者为获取经济利益，不管商品质量，不考虑人们食用不合格食品所造成的恶果，甚至还有个别生产经营者为了有利可图或者获取高额利润故意制售假冒伪劣商品，严重危害了消费者利益，最终导致农村消费者幸福感、获得感与安全感均比较低。

究其原因，主要是因为近年来供销合作社发展受重视程度不高，融入县域流通体系发展地位不明显。例如，县域商业体系目前主要由民营商超和农村"夫妻店"构成，与原有的供销社体系严重脱节。农产品销售、农民组织化程度等都是影响农业现代化的重要因素和短板软肋，而这正是供销社主要职责的一部分（常瑞民，2022）。然而经过几次变革，供销合作社系统出现网断、线乱、点散的流通体系状况，致使供销合作社系统在县域商业体系中存在感不足，传统的供销合作社经营项目不断流失，例如由供销社经营的废旧物资回收利用、农产品收购等业务已所剩不多，即便是在农村占主渠道的农资供应，供销合作社系统在县域市场中的占比也已不高。此外，历史上建设的村级供销网点没有形成有效的管理体系，尤其是在经营管理权责对等方面没有形成体系化运作，权责难以落实，责任难以到位，导致已经投入人力物力财力建设起来的村级网点，由于长期无人管理，出现自动脱离供销合作社流通体系的现象。

综上所述，要解决县域商业面临的消费安全与便利问题，需要推动乡镇商贸中心、集贸市场和农村新型便利店等商业体的改造升级，优化市场消费环境，提升现代化治理水平，让农村居民在家门口就能方便地购买到与城市质量相同的商品，享受同样标准的服务。同时，需要支持各类农村经营主体数字化、连锁化转型，依托大型平台企业，加强供应链建设。此外，还需要发挥农村商业带头人作用，扩大农村消费，建立适合县域发展水平的消费品和农资流通网络，进一步推动县域商业高质量发展（金观平，2023）。

（六）政策执行

为深入了解县域商业建设政策的实施情况，课题组于2023年7月至10月先后前往华北、华中和华东地区进行了学习调研，就各级政府和商务局贯彻落实县域商业政策的现状以及在落实县域商业政策过程中遇到的困惑进行了深入的交流。

当前，县域商业政策的贯彻和实施主要采取"'示范'机制"和"层级治理"相结合的方法。

"示范"机制是中国政策执行的核心机制，用于推动政策的执行和社会的改造。通过选择具有典型意义的示范点，建立示范框架，并通过示范创制者和示范执行者的共同努力，实现政策的示范效果。这展示的是执政党以改造社会为己任的目标（叶敏等，2013）。叶敏等人在2013年对"示范"机制的基本模型进行了讨论，具体如图3-5所示。其中，示范创制者指的是过程的直接发起者。在实践中，创制者一般为高层政府，执行者多为最基层政府，需要承担直接责任。在这里，"高层"与"基层"是相对的，对于高层来说，基层也可以被看作是群众。事实上，"示范"机制的推进，离不开政府内部过程与社会过程的相互配合。如图3-5所示，政策需要示范创制者和示范执行者贯彻落实，也需要示范点和推广对象在社会过程中发挥作用。

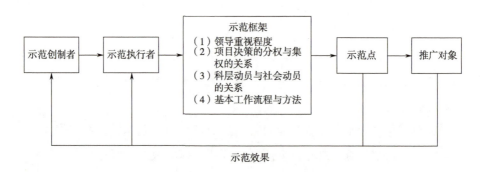

图3-5 "示范"机制的结构与过程

在国家级治理领域中，中央制定的公共政策通常比地方制定的公共政策更具宏观性。在国家政策发布之前，需要与多个相关部门进行协调和平衡，因此最终的政策文本通常采用指导性和宏观性的表述。此外，由于国家宏观层面的政策需要转化为中观和微观层面的具体实践，地方需要根据自身的地方性知识、特殊性和地区性利益，运用自由裁量权对中央政策进行具体化处理，从而形成不同形态的公共政策，即政策的层级性。

随着经济社会的转型，地方治理已成为一项涉及面广、综合性强的公共事务。各地不再仅仅追求GDP的增长，而是转变为追求经济发展、促进社会和谐、建设生态文明、维护市场秩序等综合目标。因此，在制定当地的政策时，各地必须对中观和微观两个治理领域所面临的多项任务进行权衡和取舍，从而使政策呈现出因地制宜的"地方性知识"特征。从中观治理层面来看，各省区域发展水平各异，因而在省级治理层面往往就会形成不同的政策模式。在从中观治理层面到微观治理层面的过程中，中央政策会历经多次规划，最终落实到村级层面时，还会进行最后一次规划（贺东航，2011）。

通过实地调研、会议座谈、书面调研等多种调研方式，课题组获得了调研地区政策实施工作情况的第一手资料。通过全面梳理汇总调研情况，可以发现县域商业相关政策在执行过程中主要存在以下问题：

1. 指标的自由裁量权不清晰

高层政府是政策的发起者，能够决定政策的规模、层次、范围和资源，具有行动否决权、战略发动权以及资源和机会的分配权。此外，高层政府在经济工作会议报告或者政策的形成过程中具有战略主动权、强大的自由裁量权以及政治资源和政治机会的分配权（邓大才，2023）。与此相对，县市级政府作为政策执行者，只能在不否定上层政策的情况下，结合当地具体情况进行具有区域独特性的解读。

如上所述，地方制定公共政策作为中观治理层，要根据自身的地方性知识、特殊性与地区性利益，运用自由裁量权对中央政策进行具体化处理，从而形成更加适用于本区域的中观政策。但在调研中，课题组得到了以下信息："中央下发政策提到了因地制宜和自定义指标，但落实到省市县级，当地政府对指标的自由裁度仍存在不清晰的困惑，希望商务部能给出明确解释。"这说明，在高层下发的政策中明确指出了要因地制宜、自定义指标的情况下，政策传导出现了缺损的情况，导致基层无法完全落实政策，政策的功能和效应无法充分体现。

2. 评价指标及目标不合理

作为示范执行者的市县级政府面对省级政府下发的指标和政策，无法结合自身情况，几乎没有自由裁量权。在调研中，受访者提到："设定的评价指标及其目标没有因地制宜，省政府要求，若想要申请示范县并拿到政府拨款，第二年的物流共配增长率必须达到某个数值。"由于作为示范创制者的省政府下发了没有经过实地调研的自定义指标，且没有对自由裁量权做出进一步指示，作为示范执行者的市县级政府面对政策无从着手，只能在简单处理后发布政策。因此，面对政策，部分有意愿申报示范县的单位表示："越是发达的地区共配率越难以提高，而具备大型流通企业的发达县出于对考核的压力也难以积极申报示范县。"由于发达地区的经济体量大，物流网络相关基础设施完善，发达地区提升物流共配率的难度远大于欠发达地区。综合来看，尽管县域经济建设示范县政策的初衷是好的，但面对上层下发的指标，发达县申报的积极性却大幅受挫。

3. 缺乏长效性问题

在国家级治理领域中，中央制定的政策相对于地方往往更具有宏观性，政策由宏观层面转为中、微观的具体实践时，各地必须对中、微观两个治理领域所面临的多项任务进行权衡和取舍，制定因地制宜的本地政策。而执行者在实践过程中难免会出现政策执行失真的情况，各层级规定的硬性考核指标对部分地区来说存在着机械、缺乏灵活性的状况。在调研过程中，课题组发现，"当前政策的申报与验收之间的时间间隔过短，对市县政府的考核压力过大，导致申报积极性弱"。由此可知，若要将国家政策具体落实到地方，需要考察了解当地的实际发展情况，下发因地制宜的考核指标。倘若制定了较为硬性的标准，但考核验收的时间没有考虑到不同地区的实际发展状况，由于不同地区的项目形成有效规模而获得回报需要的时间周期有所不同，对一些本身经济基础较好的地区来说，过于固化统一的政策规定就缺乏长效性。此外，资金支持的时效较短又会进一步影响规模形成，使得部分地区在验收时间上无法达到考核标准。总之，较大的考核压力会导致项目申报缺乏吸引力，削弱部分地区的申报积极性。

4. 县域经济体系政策传导失效

在调研中，课题组发现，由于政府过程与社会过程配合不畅，出现了政策传导失效的问题。在政府过程方面，省级政府作为示范创制者，对待更高层级下发的政策通知重视程度不足，因此在市县级和企业的调研中多有对政策实行的意见。此外，当前政策必须由县政府先申报示范县，拿到示范县后才能给该县提供企业资金、政策等方面的支持。但在社会过程方面，"实际存在满足条件的示范县没有能承接县域商业建设的大型企业，而有大型企业的县又不满足示范县条件的问题"。同时，也存在县政府认为考核绩效不合理进而打消申报积极性的问题。课题组还了解到，"大型企业平台通过和政府合作，享受县域经济体系建设的拨款，可以更好地推动企业和当地经济的发展"。但实际上企业和县级政府在此方面往往也存在利益的矛盾，社会过程无法较好地推动，政府过程与社会过程传导不畅，最终导致县域经济体系建设政策的传导失效。

二、县域商业体系建设重点工作建议

（一）补齐县域商业基础设施短板，完善网点布局

1. 升级县城商业综合体，推进县乡村联动

商业综合体是提升县城商业价值的有效途径，也是提升县城商业内在承载力的好办法。当前，面对我国县城商业综合体等级质量不高的问题，有必要通过商业综合体的科学规划和建设，实现县城商业综合体的升级优化，提升县城商业的建设品位和内涵。对于县乡村中的县城来说，县城通常是区域中心城市，具有辐射腹地的要求。为此，在县乡村三级结构中相对发达的县城地区，需要建立由多个建筑体组成的建筑群，包括从单一的商业零售发展到不同业态的组合，把商务、办公、休闲、演艺、购物、酒店、居住等功能融为一体，满足城镇居民购物、休闲和娱乐的一站式需求。对离大城市较远的县城来说，商业综合体在定位上，不是简单的一、二线城市商业综合体的缩小版，而是应该根据县城实际情况进行特色化定位。例如，广西岑溪市建设的汇洋广场体验式商业综合体项目，以主流形态ShoppingMall的3.0体验式

商业模式，为本地居民带来比肩大都会的消费体验。该项目迭代更新岑溪繁华新中心，进一步促进岑溪商业业态提档升级。汇洋广场购物中心打造的年轻态时尚购物中心，集"吃、喝、玩、乐、购"于一体，已进驻多个知名品牌，其中汇上佳超市、万达影城、肯德基、小米、中国黄金、八秒捞牛、蛙月荷、都市甜心、幻影玩国等近80家商家同步运营。待整个商业体全面开业运营后，除了每年为政府创造稳定税源外，还可为社会提供近2 000人的就业机会。对于整个岑溪市区近10万的固定消费人群而言，项目周边有20多个楼盘，单片区住户约2.5万户，加上流动人口，周边14个镇，消费群体可达到100万人，有利于吸引各个区域的居民过来体验和消费，进一步促进县域商业发展。

区别于一、二线城市的商业综合体，更区别于专业市场和社区商业，县城商业综合体是为了改变新市镇原有商业散、乱、差的低端形象，满足新市镇居民生活与文化需要，集餐饮、娱乐、休闲、演艺、购物、宾馆等多种功能于一体的新型商业平台。县城商业综合体既有区域级商业功能，也有完善集镇配套的功能，可以有效推动县乡村三级联动，提高乡镇和社区群众生活质量。

2. 乡镇建立中小型综合服务商贸中心，辐射乡村

我国乡村市场消费潜力巨大，健全完善的县域商业体系是全面促进农村消费的必然选择。目前，我国很多乡镇商业仍然是以零散的个体户经营为主，缺少综合性的服务商贸中心。为提升乡镇商业的发展质量，乡镇地区需要建立综合性的服务商贸中心，让乡村消费者能就近享受到综合性的商业服务，尤其是对于不方便进县城消费的居民（比如老人、青少年）。乡镇的综合性服务商贸中心区别于县城所建立的商业综合体，属于中小型的商业综合体，其规格、面积、等级可以根据当地人口数量以及消费水平确定。

在推进乡镇中小型商贸中心建设的过程中可以遵循"龙头支撑、连锁经营"的原则，充分发挥市场经济的力量，依托当地具有相当实力的大型商贸流通企业带动支撑，建设一体化高标准的商贸中心。例如，山东省淄博市淄川区在推进乡镇商贸中心建设工作中，依托物流配送体系完善的山东新星集团，以企业投资为主体，政府以奖代补，在原先新星小超市的基础上，在当地乡镇层级上建设了一体化高标准的商贸中心。

3. 农村改造传统商业网点，提供一站式服务

在农村地区，从事个体经营的夫妻店、小卖部、小商超较多，一般商业规模体量小、业态功能少，服务能力和管理水平不高。因此，应支持大型的商贸流通企业输出管理和服务，介入到农村商业网点的改造中，对当地农村的夫妻店、小卖部、小商超进行改造升级，发展新型乡村便利店、业态，完善快递收发、农产品经纪等服务；支持商贸流通、邮政等企业合作，整合县域电子商务进农村综合服务站、村邮站和益农社、供销网点等网点，建设村级综合服务站点，开展邮快合作、便民消费、农村金融等多种服务，促进农民便利消费和就近销售。在人口较少且可合并的村，通过电子商务、供应链赋能，输出管理和供货服务，改造现有村级夫妻店、小卖部、小商超，保证农村居民基本日用品的供应。加快建设乡村社区综合服务中心和经营服务综合体，开展文体娱乐、养老幼教、代收代缴、物业保洁等多样化服务，为农村居民提供"一门式办理""一站式服务"，推进经营服务网点向乡村社区延伸。

例如，北京农商银行与一轻食品集团联合打造的京轻便利店，针对农村地区下沉渠道与服务，搭载多项便民服务，努力营造便捷高效、惠民兴农的生活服务环境，打通为民服务"最后一公里"。北京农商银行向小店提供集银行卡、养老助残卡、扫码等方式于一体的支付结算服务，在小店布放了专属的自助服务设备，由小店主协助村民尤其是老年人，办理小额现金存取款，水、电、燃气、电话费等生活缴费，以及养老助残卡余额查询、公交卡延期及充值等业务，且支持存折业务。一轻食品集团对京轻便利店在产品、配送、数字化、店面形象、效益提升等方面实施商业赋能。一轻食品集团向小店提供3 000个以上畅销商品，积极提升小店商品质量；针对不同食品的需求，分别采用常温车辆、冷藏车辆、冷冻车辆等统一配送；一轻食品集团输出云POS系统管理、一轻优先小程序等数字化工具，方便商品明码标价、收款、结算、线上下单；通过专业的卖场布局设计和商品陈列、现代化的管理设备，一改小店的传统形象，改造后的小店营业额提升至少40%。

4. 推动县域商业数字化设施改造，破除信息差

本课题组调研发现，POS系统、条码扫描、WMS（仓库管理系统）等现代信息技术仅在县城商业综合体、部分乡镇商贸中心得以应用，其他县域小

微商贸企业和乡村便利店很少应用。在数字化乡村振兴背景下，把加强数字化建设作为发展手段，逐步对农村超市进行信息化改造，配置信息化终端设备和管理软件，促进物流、信息流、资金流的融合。深度推进供应链上下游信息共享，建设农村商业信息化管理平台，加强对农家店的日常监管，逐步实现对农村商品市场购销信息的有效统计和监测。通过数字化设施改造，改变传统城乡流通"成本高、环节多、效率低"的现状，建立高效、现代化的农村商业流通体系，将原本差异巨大的城乡二元市场"拉平"成为一个统一的大市场，以此来促进农村消费提档升级，推进县域商业的繁荣发展。对于乡级、农村地区的商业数字化设施改造可以依托当地大型流通企业进行。例如，北京大星发对北京怀柔地区加盟的农村小店进行了数字化改造，不仅统一规范店内的装潢布置，还为超市配备了POS机，大大提高了超市等店面的经营效率。

（二）完善县乡村三级物流配送体系，延伸网点功能业态

1. 建设乡镇二级物流配送中心，提升物流配送辐射能力

目前，县域地区商贸流通企业大多采用传统的自有商品配送模式，部分仓库面积小，设施简陋，缺少自动装卸设备，统仓共配率还比较低（刘丽娟，2022）。农村物流尤其是冷链物流基础设施相对薄弱，流通网络还不够完善，特别是偏远农村物流网点较少，严重制约了农产品尤其是生鲜产品"出村进城"。以县域重点乡镇为核心，建设乡镇二级物流配送中心，对于提升县域物流配送辐射能力，降低乡镇和农村商业的供应链成本具有重要意义。一方面，在政策层面鼓励物流和供应链企业在重点乡镇自建二级物流配送中心、仓储和冷库等基础设施，包括提供场地支持、财政补贴和税收优惠；另一方面，支持供销社、邮政和物流企业对已有的乡镇物流基础设施进行改造升级，并鼓励其与其他物流和供应链企业共享仓储和中转服务，使其建设成为具有一定覆盖和辐射能力的二级物流配送中心。

2. 推动农村快递物流网点共建共享，贯通农村物流配送体系

农村物流体系的建设是加快畅通城乡循环，畅通农产品进城"最初一公里"和消费品下乡"最后一公里"的关键，对满足农民生产生活需要、释放农村消费潜力、促进乡村振兴具有重要意义。而村级物流配送体系的缺失是

县域商业发展当前需要解决的重点问题。与城市社区居民高密度聚集不同，农村人口相对较少，在空间上分布较为分散，再加上农村道路复杂，道路建设质量参差不齐，极大增加了农村末端物流配送成本。为此，结合农村便民商业网点现状，本报告建议以农村便民商业网点为中心，一方面鼓励物流企业在农村建设快递网点，另一方面鼓励现有的农村便民商业网点与物流企业合作共建共享快递网点，提供基本的快递收发服务，以农村快递物流网点为中心进行集中配送，在降低村级物流配送成本的同时，使村民可以更为便利地享受快递收发服务。

3. 探索农村短距离共同配送新模式，发展外卖团购等新业态

由于村级物流配送体系的缺失，农村的短距离配送服务目前仍处于空白状态，位于乡镇的综合服务商贸中心难以开展线上业务。为此，本报告建议在村级物流网点建设基础上，积极探索从乡镇到农村的短距离共同配送新模式，鼓励农村邮政、供销、电商、交通运输、商贸流通等各类企业进行新型共同配送模式探索，在进行原有配送业务的同时，搭载日用消费品、餐饮外卖、生鲜团购等，向农村每日定时、限次进行短距离配送服务，发展农村的外卖团购等新业态，提升乡镇商业中心的辐射能力，促进农村市场消费升级。

（三）改善优化县域消费渠道，实现市场主体多元化

1. 引导大型商贸流通企业供应链下沉

在县域地区，当地大型商贸流通企业更为熟悉当地的县域消费情况，其在当地的供应链已经相对完善，具有明显的成本优势，因此，引导大型商贸流通企业供应链下沉是改善县域消费渠道的途径之一（卢毅鸣，2022）。支持县域内龙头商贸流通企业以人口居住较为密集、交通便利的枢纽乡镇为重点，开展连锁经营业务；支持商贸流通企业承担日常生活用品、农资等统一下行配送任务，同时承担农产品上行任务。在人口相对密集的乡镇，通过自建、合作、加盟等方式新建或改造提升乡镇商贸中心，布局一批县域前置仓、物流仓储等设施，提供直供直采、集中采购、统一配送、库存管理等服务，把乡镇打造成整体性带动农村商业的联动节点和网络枢纽，提升乡镇对周边农村商业市场的辐射和拉动作用，健全农村流通网络，改善乡镇消费环境。

2. 鼓励平台型企业发展，重视供销社体系建设

为平台型企业发展提供一定的政策支持，鼓励有实力的平台型企业整合县域工业品下行和农产品上行渠道，实现工业品下行的便利和农产品上行的稳定，避免渠道内竞争。同时，重视传统供销社体系的建设，推动传统供销社体系与乡村便民商业之间的合作，特别是在缺乏平台型企业的区域，加强传统供销社体系的建设，发挥供销社在工业品下行和农产品上行中的平台作用。

3. 政策补贴与企业促销活动结合，提升居民消费能力

政策补贴与企业促销活动结合，让县域居民得到更多实惠。一是通过直播年货节、电器让利促销、夜市等新型业态刺激居民消费，结合政府发放的补贴优惠券，围绕大宗消费、家居消费、餐饮消费等重点领域举办各类促消费活动。二是结合当地旅游特色举办展销会系列活动，促进当地旅游发展。

（四）贯通农产品产业链，畅通农产品上行路径

农产品上行应当依托大型平台企业，尤其是对当地农产品种植、经营情况相对熟悉的大型平台企业。在农产品产业链中，应有大型企业平台这样贴近消费者的买方，驱动农业产业链上游环节优化，否则，上游的农户种植无法实现统一的标准化，也无法实现产业化，农产品的上行也就无从谈起。

1. 将农产品产业化，破解农产品上行阻碍

农产品上行不畅的主要原因之一是农产品为非标产品，缺乏统一的商品化标准，加之我国地域广泛，小农户居多，各家各户的农产品的种植培育标准不统一，难以对农产品进行统一定价和销售。农产品只有首先解决了标准化问题，才可能实现商品化，并进而实现品牌化。

一是实现农产品标准化。支持农业新型经营主体申报"三品一标"认证，加强对生产过程的指导和规范，加强产品品控和分等、分级，建立农户会用、市场认可、管理方便的农产品线上交易分类标准。

二是推进规模化。鼓励支持家庭农场、农民专业合作社和农业企业等新型农业经营主体整合当地的土地、人力、营销等资源，推动农产品产业化、规模化生产，确保持续稳定的供应能力。

三是提高农村产品商品化处理能力。支持重点商贸流通企业、农产品交

易市场、优势特色农产品产地等建设改造具有产后商品化处理功能的集配中心、产地仓等，完善分拣、加工、包装、预冷、仓储、分拨等设施设备，补齐农产品供应链"最初一公里"短板。引导建设产地移动型、共享型商品化处理设施，提高设施设备使用效率。鼓励开展农产品精深加工，拓展延伸产业链，提升产品附加值。

四是加速电商化。支持农业新型经营主体加大农产品的多元化、规范化开发，培育农产品精深加工产业集群。加强符合电商要求的农产品包装的设计、研发，加速实现农产品由普通商品到电商商品的转变。

譬如，本报告调研的生鲜传奇所销售的蔬菜从种植开始，就设置多重管理环节，管控农作物栽培所需的化肥、种子、土壤环境等因素。拿韭菜这一项单品来说，所有门店销售的韭菜都出自庐江同大镇的生态园。

2. 通过品牌化提升农产品附加值，打造"一县一业"

"产业兴百业兴"，发展现代特色农业产业，增强农村地区"造血"功能，是激活农村消费市场发展的内生动力。从国家2018年印发《关于加快推进品牌强农的意见》，到2019年建立中国农业品牌目录制度，再到2021年国家启动实施农业生产"三品一标"（品种培优、品质提升、品牌打造和标准化生产）提升行动，推动各地发展区域公用品牌、企业品牌和产品品牌。从这些政策和行动可以看到，国家对品牌强农的推进正在不断强化，打造农产品品牌成为实现乡村全面振兴的新引擎。借鉴日本造村运动的主要做法"一村一品"，利用地方特色资源培育村域特色主导产品和主导产业，譬如安江冰糖柚、宿有千香·霸王蟹、皂河贡米等多个区域农产品品牌。通过打造品牌形成产业化，这也契合了我国2022年中央一号文件所提出的"聚焦产业促进乡村发展"。因此，我国县域各地可以结合自身资源条件发展特色农业，同时积极探索产业链延伸，提高农产品附加值。

充分发挥龙头企业在品牌培育中的主导作用，以龙头企业群体带动品牌化建设，以品牌化建设壮大龙头企业群体。对有生产基础、自主品牌和产品优势的企业，重点加以引导，支持他们积极创建驰名商标、著名商标，扶持企业做大做强。鼓励龙头企业带动合作社和基地农户发展设施农业和规模化种养业，引导他们整合资源，深度开发特色农产品，积极开展地理标志农产品认证，充分发挥龙头企业的示范带动作用，培育更多的农产品品牌创建主体,推动形成"一县一业"发展格局。

3. 物流、电商双管齐下,构建县域小循环、国内大循环的格局

日本"地产地销"模式对我国农业产业有着重要的借鉴和启示意义。由于农村地区居民居住较为分散,集中业务量规模相对较小,配送密集度低,配送成本相对较高。县乡村三级物流配送体系不畅,不仅使得农村居民无法享受便利的物流服务,也极大限制了农产品上行,农村电子商务难以有效覆盖。针对目前农村农产品上行面临的问题,本报告建议在完善农村物流基础设施和配送体系的基础上,利用共同配送模式,整合商贸、供销、交通、邮政快递公司等各类资源,发展农村物流共同配送等创新模式,打通农产品上行"最先一公里"。特别是通过产地批发市场和直销市场建设,促进产地农产品流通,既惠及更多小规模生产者,又保障产地居民消费新鲜农产品。积极拓展仓储保鲜冷链物流业务,加强大中型农产品市场冷链物流设施的改造升级,在特色农产品主产区配备预冷、初加工、冷链运输等设施设备,降低农产品的损失率,提高附加值,实现更多农产品"一季产、四季销"。

此外,要大力发展电子商务并配套相关基础设施建设(陈以军等,2022)。一些特色农产品正越来越受到市场的青睐,但其生产范围区域性较强,需要大力发展农产品电子商务使特色农产品"走出去",助力国内大循环(杨守德和张天义,2021)。开展形式多样的产销对接活动,加快农产品上行。持续支持商务部门发挥联通内外、贯通城乡、对接产销的系统优势,推动脱贫地区农村产品销售,助推农民增收,助力乡村振兴。组织商贸流通企业参加国家和省市举办的有关活动,鼓励市县发挥自身优势,开展多种形式的促销活动,同时,与阿里巴巴、抖音等知名电商企业合作,举办电商直播大赛等活动,共同推动农产品上行。

(五)提高生活服务供给质量,保障消费安全便利

1. 持续推动文旅产业建设,提供特色化、高质量文旅服务

第一,鼓励具有区域特色的乡镇发展特色文旅产业,建设宜居宜业和美丽乡村,吸引市县居民进村下乡消费。大力发展美丽观赏农业、趣味体验农业。例如,可以结合当地特色打造一批油菜花海、彩色稻田、花卉走廊等观赏基地,建设一批农业科普、农耕体验、农家烹饪等现代农庄,推动文化创

意产业向农业延伸，着力建设休闲观光园区、森林步道、康养基地、乡村民宿。基于县域自身特点，发掘有价值的文化元素，例如北京怀柔以自然风光、乡村美食、民俗风情、高品质住宿体验等吸引北京市区游客。

第二，鼓励建立红色文化景区，推动党史、新中国史与中华优秀传统文化融合，建成爱国、爱党教育基地。依托丰富的红色文化资源和绿色生态资源大力促进乡村旅游发展，积极扩大乡村服务消费市场。选取在党史上具有重要地位和重大影响的红色遗址遗迹，整合资源，建设红色文化小镇或景区，不断完善红色景区基础设施，活跃旅游经济。促进以文塑旅、以旅彰文，推进文化和旅游深度融合发展。

第三，创新举办特色旅游文化活动，促进文旅相关产业进驻，打造特色文旅品牌。例如，河北张家口市立足后奥运时期全市文旅产业发展实际，结合旅游市场需求和产业发展方向，持续完善文旅特色产业体系、文旅服务设施体系、文旅服务标准体系，不断丰富冬奥、冰雪、避暑、户外、演艺、民俗、红色、节庆8个旅游产品，打造优质文旅品牌。

第四，加大乡村旅游营销力度。加大旅游营销专项资金投入力度，探索建立政府部门、行业、企业、媒体、公众均积极参与的营销机制，充分发挥涉旅企业在推广营销中的作用，形成上下结合、横向联动、多方参与的全域旅游营销格局；创新全域旅游营销方式，充分利用新媒体进行宣传，强化目的地整体营销策略（李霜霜，2021），整合区域内各类旅游资源，建立多层次的品牌体系，变旅游资源优势为品牌优势。

2. 提升乡镇生活及便民服务供给，优化农村养老服务供给

引导相关企业投入与政府补贴双重投资，加快建立完善县、乡、村二级生活基础服务网格，明显改善居民生活公共服务设施和社会环境。依托乡镇商贸中心、农村集贸市场等场所，建立满足多元需求的餐饮、亲子、健身、洗浴、娱乐等各项基础设施。利用村民活动中心、夫妻店等场所，提供理发、维修、废旧物资回收等便民服务。鼓励城镇市场主体到乡村设点，直接向农民提供服务，缩小城乡居民服务消费差距。发展养老事业和养老产业，优化孤寡老人服务，建立农村老幼帮扶制度，保障农村老年人供给水平。

3. 强化食品安全意识与监管，推动乡村经营管理规范化

造成县域商业食品安全问题突出的原因在于消费者本身食品安全意识不

强，特别是对于过期和临期食品的鉴别意识不足，对于食品配料表信息关注及认知不够。特别是在购买时，很多消费者不主动观察商品的生产日期和配料表信息，有些消费者和店家即使发现商品临期、过期或含有大量添加剂，仍然不以为然，对于食用这类产品可能发生的严重后果意识不足。为此，本报告建议政府部门加强对县域消费者食品安全意识的培养，利用村镇的文化活动、广播电视、集体会议等形式，多元化宣传食用过期食品的危害，提高消费者对食品安全相关信息的认知，最终逐渐使临期、过期和劣质食品失去市场。

此外，培养消费者食品安全意识是一项长期的工作，短期内消费者的习惯难以改变，使得目前仍需依赖于有效的监管机制来应对县域商业食品安全问题。由于县域商业网点分散，经营缺乏规范化管理，再加上有效监督手段不足，因此监管成本较高。为解决这一问题，本报告建议从以下三个方面加强监管：一是发动群众监督举报，核实后给予举报者一定奖励；二是定期抽检，加强商家的食品安全意识；三是加大处罚力度，提高商家违规售卖临期、过期食品的成本。

目前，乡村的县域商业网点普遍存在店铺环境杂乱、商品货架摆放混乱、经营区和生活区不分离的情况。这不仅降低了消费者的购物体验，也极大增加了生产安全隐患。然而，县域商业网点自身经营规模小，盈利能力有限，商家对于改善门店环境的意愿不强。为此，本报告建议加大对县域商超环境改造的投资力度，包括提供免息贷款、吸引社会投资以及政府专项拨款等方式，帮助县域商业网点改善门店环境，规范化经营，提升消费者购物体验。

4. 鼓励当地零售企业向乡镇、农村市场下沉，提高适合农村市场的消费品供给

补贴当地优秀的零售企业，引导其下沉农村市场，以加盟、连锁和特许经营等方式对现有村域门店进行升级改造，提高村域门店数字化建设水平。通过供给关系，研判村民购物需求特征，鼓励零售企业为村域门店提供多元化商品供给，特别是老幼专用品、高质量速食产品。例如，在一些农村地区，因男性外出务工，多数女性留守照看老人儿童，要深入挖掘农村地区女性消费潜力，增加农村地区女性消费供给；通过电商平台对农民网购喜好进行分析，进一步细化农民消费特征，鼓励生产企业精准开发适合农村市场的日用消费品、大家电、家居、汽车等产品，促进农村耐用消费品更新换代。

（六）政府牵头、龙头零售企业参与，保障政策有效执行

1. 各级政府高度重视，县级政府积极申报

在调研中我们发现，有的省级政府作为示范创制者，没有很深刻地理解和对待更高层级下发的县域商业相关政策通知，没有结合本省的实际情况进行相应的调整，所以在市县级和企业的调研中多有对政策实行的意见。对于省级政府，应当扎实开展调查研究工作，聚焦本省县域商业发展的实际情况和民生实事，结合本省各市的实际情况对悬域商业政策进行相应调整并予以实施。对于市级政府，应当结合本市的实际情况，制定合理规范的县域商业发展评价指标，而不是简单地卡某个指标。对于县级政府，应当结合自身县域商业发展的优势和劣势，积极主动地响应现有县域商业政策的引导方向，积极申报县域商业示范建设项目，切实促进本地县域商业的发展。

2. 政府深入调查研究，摸实情促发展

县域商业体系建设是助力乡村振兴、促进农村消费和农民增收、提高人民群众生活品质的重要举措，要把上级政策支持用好用足用活，需要对基层情况摸实摸细摸清，及时了解当地政府、企业的困惑和实际问题，根据自身的特点和实际情况，鼓励引导优质企业入驻，持续抓好县域商业体系建设，主动做好为企业服务工作，针对项目建设、筹备及运营中出现的问题，要及时沟通，认真解决，与企业一同推进县域经济建设。

3. 当地龙头零售企业参与建设，赋能县域商业体系建设

县域商业的建设不能仅仅依靠政府的力量，当地大型零售企业也要积极参与。当地大型零售企业对于本地县域商业的发展情况、发展特色及存在问题非常了解，也熟知目前县域商业发展中的痛点，将当地龙头零售企业纳入县域商业体系建设是县域商业相关政策有效执行的保障。

县域商业是一个个民营企业、个体工商户、小摊小贩们赖以营生的"生态"，在建设县域商业体系中，有一个重要目标就是让这些经营主体存活得更好，从而更好发挥他们的作用。但是，由于这些小规模的经营主体自身的局限性，县域商业的发展并不能将资金直接拨付给他们，而是将县域商业体系建设的任务以项目制的方式落实给当地的龙头零售企业，由龙头零售企业为

这些小规模的经营主体赋能发展。

4. 优化营商环境，助力县域经济高质量发展

各级政府应当立足自身职能，围绕市场监管中心工作，深化改革创新，持续优化县域商业的市场环境和营商环境，大力激发经营主体活力，化解市场领域安全风险，维护公平竞争秩序，营造安全放心消费环境，不断夯实促进县域经济平稳增长的市场底盘。各市县应当结合当地的实际情况，制定本地区的优化营商环境工作实施方案并予以实施。

第四章　县域商业体系建设评价指标

加强县域商业体系建设、促进农村消费，是实施乡村建设行动的重要内容，是培育完整内需体系的重要支撑，是提高人民生活品质的重要举措。自2021年以来，我国县域商业建设取得显著成果，在脱贫攻坚和乡村振兴中发挥了积极作用。但总的来看，县域商业发展仍然滞后，一些地方缺少专门性规划，工作要求不规范、建设标准不统一、网点布局不合理、设施功能不完善，不能很好满足城乡居民消费升级需求。

本章将提出软硬结合评价体系以对各省县域商业体系建设做出评价。首先参考商务部等17个部门联合印发的《关于加强县域商业体系建设促进农村消费的意见》（商流通发〔2021〕99号，以下简称《意见》）和2021年商务部等15部门组织编制的《县域商业建设指南（2021版）》（以下简称《指南》）提出县域商业建设关键硬性评价指标。同时，基于中国消费大数据研究院县域商业数据，依托大数据技术，提出评价建设后县域商业市场表现的软性评价指标，即景气指数，以构成县域商业体系建设的综合评价体系。

一、县域商业建设指标

《意见》对县域商业体系建设的总体目标、重点任务、政策机制等作出部署，《指南》则对《意见》目标任务进行量化分解，指导和规范各地开展县域商业体系建设工作。我们依托官方文件，通过县域商业实地调研走访以及商务部门访谈，提出县域商业建设约束指标、自选指标、建设类型的硬指标。

（一）约束指标

《意见》提出县域商业建设"3个全覆盖"的目标，即到2025年底，在具备条件的地区，基本实现县县有连锁商超和物流配送中心、乡镇有商贸中心、村村通快递。为实现上述目标，《指南》进一步指出县乡村商业网点、物流配送"三点一线"的建设重点和建设标准。根据其中涉及的约束性指标，县域商业建设评价的约束指标可分为以下六个方面：

1. 县城综合商贸服务中心数量、覆盖率

县城综合商贸服务中心是指开设在县政府所在地，在一个相对固定的建筑空间或区域内，以购物中心、超市等零售业态为主体，兼具餐饮、住宿、休闲娱乐、教育培训、生活服务等的商业业态，可以满足县域内城乡居民绝大部分的消费需求。县城综合商贸服务中心非常重要，在县域经济中扮演着多重角色和功能。首先，县城综合商贸服务中心为县域居民提供便捷的购物和服务场所。居民可以在该中心购买到日常生活用品、家电、服装等各类商品，享受到娱乐、休闲、亲子等多种服务，满足其消费需求，提高生活品质。其次，该中心还是信息、货物传递的重要枢纽，它能为城区和一定范围的乡镇村提供批发、零售或配送服务。最后，县城综合商贸服务中心还能带动就业和推动经济发展。其运营需要大量的从业人员，从销售员到物流员，从仓储管理到信息技术等，这些就业机会直接或间接地促进了就业增长，推动了地方经济的繁荣。

根据《意见》和《指南》，在全国范围内，"十四五"期间要在具备条件的地区实现县城综合商贸服务中心的覆盖率达到100%的目标。各省结合省内实际，制定总体目标和年度分解目标。例如，河南省结合"2021年底县城综合商贸服务中心86.7%覆盖率"的摸底现状，制定"十四五"时期"全省实现县城综合商贸服务中心全覆盖"的总体目标，并制定"在2022年底、2023年底、2024年底和2025年底逐步提升覆盖率至90%、95%、98%和100%"的年度分解目标；江西省立足江西实际，制定"十四五"时期"计划升级改造县城综合商贸服务中心60个以上"的总体目标，并制定了"前三年原则上按照每年30%的进度推进，最后一年原则上按照10%的进度推进"的年度分解目标；四川省制定了"到2025年，建设改造县城综合商贸服务中心数量不少于400个"到总体目标。

2. 县级物流配送中心数量、覆盖率

县级物流配送中心是位于县城或县域内的重要物流枢纽，其主要功能是协调和优化区域内物流配送体系，提高物流效率和服务质量。县级物流配送中心在乡村经济发展和农产品流通中扮演着重要角色。首先，县级物流配送中心提供物流快递件的仓储、分拣、中转、配送等服务，配送至县城和主要乡镇村。其次，县级物流配送中心是农资下乡和农产品进城的纽带，它连接着农村生产者和城市消费者，将农产品从产地快速运输到市场，缩短了农产品的流通链条，减少了中间环节，使农产品更快地进入市场，满足城市居民的需求。最后，县级物流配送中心还提供物流信息服务。通过信息技术的运用，它可以跟踪和管理货物的运输过程，提供实时的物流信息，帮助各方了解货物的位置和状态，提高物流的可控性和透明度。总体而言，县级物流配送中心对乡村经济的发展有积极的促进作用，是农产品流通和乡村经济发展中的重要组成部分，它的建设和运营对于提升物流效率、促进乡村振兴具有重要意义。

根据《意见》和《指南》，在全国范围内，"十四五"期间要在具备条件的地区实现县级物流配送中心的覆盖率达到100%的目标。各省结合省内实际，制定总体目标和年度分解目标。例如，河南省结合"2021年底县级物流配送中心65.9%覆盖率"的摸底现状，制定"十四五"时期"全省实现县级物流配送中心全覆盖"的总体目标，并制定"在2022年底、2023年底、2024年底和2025年底逐步提升覆盖率至75%、85%、95%和100%"的年度分解目标；江西省立足江西实际，制定"十四五"时期"计划升级改造县级物流配送中心60个以上"的总体目标，并制定了"原则上按照每年25%的进度推进"的年度分解目标；江苏省立足实际，制定了"十四五"时期"建设改造县级物流配送中心50个以上"的总体目标；四川省制定了"到2025年，基本实现县县都有县级物流仓储配送中心"的总体目标。

3. 乡镇商贸中心数量、覆盖率

建设乡镇商贸中心对于提升乡镇经济发展水平、改善居民生活质量、促进农产品流通和推动农村振兴战略的实施具有重要意义。乡镇商贸中心是指在乡镇地区建设的综合性商贸服务设施，旨在促进乡镇经济的发展和提升居民的生活水平。乡镇商贸中心不仅可以提供便利的购物场所，满足居民多样化的消费需求，还有助于促进农产品流通以及为一定范围内村级商店、农户等提供小批量商品配送服务。

根据《意见》和《指南》，"十四五"时期，立足县域经济发展实际和居民消费水平，以人口聚集的乡镇为重点，支持升级改造一批商贸中心、大中型超市、集贸市场等，重点完善仓储、冷链、加工、配送等设施，推动购物、餐饮、娱乐、休闲、金融等业态融合，改善乡镇消费环境，将乡镇建设成服务周边的重要商业中心，推动乡村消费提质扩容。鼓励大型商贸流通企业向乡镇开拓市场。2025年底前，实现乡镇商贸中心全覆盖，满足乡镇居民实用消费和一般生活服务需求。

各省为贯彻全国总目标，根据省内实际情况，制定省内总体目标和年度分解目标。例如，河南省结合"2021年底乡镇商贸中心66.3%覆盖率"的摸底现状，制定"十四五"时期"全省实现乡镇商贸中心全覆盖"的总体目标，并制定"在2022年底、2023年底、2024年底和2025年底逐步提升覆盖率至76%、86%、96%和100%"的年度分解目标；江西省立足江西实际，制定"十四五"时期"计划建设改造乡镇商贸中心80个以上"的总体目标，并制定了"前三年原则上按照每年30%的进度推进，最后一年原则上按照10%的进度推进"的年度分解目标；江苏省立足实际，制定了"十四五"时期"建设改造乡镇商贸中心200个以上"的总体目标；四川省制定了"到2025年，全省乡镇商贸站数量不少于2200个"的总体目标。

4. 村级便民商店数量、覆盖率

建设改造村级便民商店在农村地区具有重要的作用。通过提供基本生活用品、促进农产品销售、拓展就业机会和提高乡村经济活力，对农村居民的生活和经济发展都具有积极的推动作用。根据《意见》和《指南》，支持商贸流通企业输出管理和服务，改造升级一批夫妻店等传统网点，发展新型乡村便利店，完善快递收发、农产品经纪等服务；支持商贸流通、邮政等企业合作，整合县域电子商务进农村综合服务站、村邮站和益农社、供销网点等网点，建设村级综合服务站点，开展邮快合作、便民消费、农村金融等多种服务，促进农民便利消费和就近销售。在人口较少可合并的村，通过电子商务、供应链赋能，输出管理和供货服务，改造现有村级夫妻店，保证基本日用品的供应。加快建设乡村社区综合服务中心和经营服务综合体，开展文体娱乐、养老幼教、代收代缴、物业保洁等多样化服务，为农民提供"一门式办理""一站式服务"，推进经营服务网点向乡村社区延伸。到2025年底，实现村级便民商店全覆盖的总目标。

各省贯彻全国总目标，根据省内实际情况，制定省内总体目标和年度分解目标。例如，河南省结合"2021年底村级便民商店87.7%覆盖率"的摸底现状，制定"十四五"时期"全省实现村级便民商店全覆盖"的总体目标，并制定"在2022年底、2023年底、2024年底和2025年底逐步提升覆盖率至90%、95%、98%和100%"的年度分解目标；江苏省立足实际，制定了"十四五"时期"建设改造村级便民商店2 000个以上"的总体目标；四川省立足实际，制定"到2025年，新设和升级改造村级商业网点不少于10 000个，每个行政村原则上至少有1家村级便民商店"的总体目标。

5. "快递进村"服务村数量、覆盖率

"快递进村"是指在快递服务领域中，物流企业将快递配送服务延伸至偏远农村地区的一种举措。随着电商行业的迅速发展，快递业务不断扩大，传统的城市配送已经相对完善，但农村地区由于交通不便、信息闭塞等原因，长期以来一直面临快递配送难题。为了满足农村地区居民对快递服务的需求，鼓励快递企业积极推进"快递进村"计划。加大对农村地区的覆盖力度，优化物流网络，建设更加完善的配送体系。通过建设和完善村级快递站点、与县乡商贸物流配送中心加强协作等方式，快递进村计划致力于将快递服务延伸到更广阔的乡村地带。"快递进村"不仅方便了农村居民购物和寄递物品，也促进了乡村经济的发展。通过拓宽市场辐射范围，促进农产品和特色商品的销售，进一步促进了农村经济的繁荣。

根据《意见》和《指南》，在全国范围内，"十四五"期间要在具备条件的地区实现"快递进村"的覆盖率达到100%的目标。各省结合省内实际，制定总体目标和年度分解目标。例如，河南省结合"2021年底快递进村90%覆盖率"的摸底现状，制定"十四五"时期"全省实现快递进村全覆盖"的总体目标，并制定"在2022年底达到100%覆盖率"的年度目标；江苏省立足实际，制定了"十四五"时期"建设改造村级末端配送网点10 000个以上"的总体目标。

6. 县域物流共同配送率

根据《指南》，为完善县乡村三级物流配送体系、优化农村物流组织模式，大力发展农村物流共同配送等新模式新业态。鼓励连锁经营、物流配送、电子商务等现代流通方式相互融合的发展方式，促进线上线下互动发展，创新批发、零售供应链管理，健全县乡村三级物流配送体系。鼓励农村邮政、供销、电商、快递、交通运输、商贸流通等各类主体开展市场化合作，在整合县域电商快递基础上，搭载日用消费品、农资下乡和农产品进城双向配送服务，推动统仓共配。鼓励依托云计算、大数据、物联网等技术，创新发展智慧物流、众包物流、客货邮快融合等多种物流模式，充分调动社会运力资源，提升物流配送能力。支持农产品产地发展"电商+产地仓+快递物流"仓配模式，提高农产品上行效率。宣传推广农村物流服务品牌。

各省结合省内实际，制定总体目标和年度分解目标。例如，河南省结合"2021年底县域物流共同配送率20%"的摸底现状，制定"十四五"时期"实现县域物流共同配送率50%"的总体目标，并制定"在2022年底、2023年底、2024年底和2025年底逐步提升共同配送率至30%、35%、40%和50%"的年度目标。四川省制定了"到2025年，物流共同配送的县域不少于150个"的总体目标。此外，江西省将"物流共同配送率"指标作为县域商业体系建设的约束性评价指标，并将其定义为县域内实现物流共同配送的乡镇数量与县域内乡镇数量之比。

（二）自选指标

"自选指标"是指在评估、分析或测量过程中，个体或组织根据自身需求和目标，自行选择适合其情况的指标或标准来进行衡量和评价的一种方法。自选指标的优势在于它使个体或组织能够更加精准地衡量和评估符合其独特需求的方面。通过选择与其目标密切相关的指标，个体或组织能够更好地了解其表现，并制定有针对性的改进措施。在进行县域商业体系建设评价时，各省可结合自身的实际情况和制定的建设目标，自主选择指标进行绩效评价。根据《指南》，可供参考的自选指标包括：

1. 培育龙头流通企业数量、覆盖县数

根据《指南》，为促进县域商业体系建设和县域经济发展，支持本地商贸

流通企业的供应链建设。引导供销、邮政、传统商贸流通等企业运用大数据、云计算、移动互联网等现代信息技术，促进业务流程和组织结构优化重组，从传统商品批发、零售向上下游一体化供应链服务转变，实现线上线下融合发展，提升管理水平和流通效率，增强对县域商业发展的引领带动作用。

鼓励龙头商贸流通企业下沉物流，利用自建物流配送系统，为本地生产、流通企业以及乡镇商贸中心、农村便利店、夫妻店等，提供消费品、农资和农产品双向配送服务，健全县乡村物流配送网络；鼓励龙头商贸流通企业下沉网点，通过直营、加盟、联营等形式，加快乡镇村商业网点布局，发展一批村级便利店，健全农村连锁化流通网络；鼓励龙头商贸流通企业下沉供应链，推广应用新型交易模式，为本地生产流通企业、农村商业网点等提供集中采购、统一配送、销售分析、品牌授权、店面设计、库存管理等多样化服务，增强农村实体店铺经营水平和抗风险能力。

根据《指南》，可以在商品批发、零售、农资、生活服务等商业领域，支持农村邮政、供销、电商、物流、快递、商贸流通等企业数字化、连锁化转型升级，实现做大做优。每个县引导至少1家龙头商贸流通企业实现转型升级。各省结合实际将培育龙头企业的数量或者覆盖县数作为自选评价指标，并制定相应的目标。在实际制定评价指标时，也可围绕龙头商贸企业的培育设定相关的指标。比如，河南省将县域龙头商贸企业数字化转型率作为一个自选评价指标，并结合"2021年底县域龙头商贸企业数字化转型率8%"的摸底现状，制定"十四五"时期"实现县域龙头商贸企业数字化转型率30%"的总体目标，并制定"在2022年底、2023年底、2024年底和2025年底逐步提升县域龙头商贸企业数字化转型率至15%、20%、25%和30%"的年度目标。

2. 县域社会消费品零售额、年增速

"县域社会消费品零售额"是用来衡量一个特定县域范围内消费品零售总额的指标。这一指标在经济和社会发展中具有重要作用，它能够提供关于该县域消费水平、消费结构、市场活力以及经济发展趋势等方面的重要信息。县域社会消费品零售额指标在经济监测和决策制定中扮演着重要角色，它不仅反映了该县域经济的整体表现，还为政府和企业提供了重要的参考和依据，帮助其更好地适应市场需求，推动经济可持续发展。

县域社会消费品零售额的年增速是指该县域社会消费品零售额在一年内

相对于前一年同期的增长率，正增长的年增速显示了经济活力和潜力，表明该县域的消费市场持续扩大。负增长或增速较低可能暗示经济面临下行压力或其他不利因素。该指标可以帮助政府和企业了解县域经济的整体健康状况和发展潜力。

在推动县域商业体系建设中，县域社会消费品零售额及其年增速这两个指标可以帮助县域商业建设的决策者监测、衡量、评估县域商业体系建设的绩效，以便实时地调整、优化决策和实施方案，从而引导县域商业建设优化商业布局，提高市场竞争力，促进经济增长和社会繁荣。

3. 乡镇集贸市场建设改造数量、占比

乡镇集贸市场作为农村经济和商贸活动的重要场所，其数量的增加和质量的提升对县域商业体系发展有着直接的推动作用。乡镇集贸市场的数量直接反映了县域商业基础设施的完善程度。更多、更现代化的集贸市场意味着更好的商贸服务和交易环境，有助于吸引更多的商家和消费者前来，推动商业活动的繁荣；乡镇集贸市场的建设和改造使得农产品的销售渠道更加畅通，有助于农产品的快速流通和销售；乡镇集贸市场的改造有助于提升消费环境和体验。现代化、规范化的集贸市场能够为农民提供更多高品质、多样化的商品选择，提高农民的购物体验和生活水平。

总体来说，乡镇集贸市场建设改造的数量和占比是衡量县域商业体系建设的重要评价指标，它直接影响着县域商贸环境、农产品流通和农民的生活水平。加强乡镇集贸市场建设改造，对于推动县域商业体系的健康发展和农村经济的繁荣具有重要意义。各省可根据情况将其设定为县域商业体系建设的自选评价指标。

4. 其他自选指标

除上述《指南》中提供的三个自选指标之外，各省可根据省内实际情况和制定的目标来自行设立自选指标。例如，河南省基于省内"到2025年，全省实现县城综合商贸服务中心全覆盖，乡镇商贸中心全覆盖，村级便民商店行政村全覆盖，乡村物流快递通达率100%。新培育一批农产品产业化运营主体，助力一批商贸流通企业完成数字化、连锁化改造。布局建设1-2个国家级产地市场；争取创建3个左右国家骨干冷链物流基地、培育10个左右省级骨干冷链物流基地；公益性农产品市场覆盖率达到60%以上"的总体目标，除约束指标外，构建了4个自选指标，并设定了每个指标的总体目标和年度分解目标：

第一个指标为县域龙头商贸流通企业数字化转型率，这一指标可以用来衡量县域龙头商贸流通企业数字化转型方面的成效。结合"2021年底县域龙头商贸企业数字化转型率8%"的摸底现状，制定"十四五"时期"实现县域龙头商贸企业数字化转型率30%"的总体目标，并制定"在2022年底、2023年底、2024年底和2025年底逐步提升县域龙头商贸企业数字化转型率至15%、20%、25%和30%"的年度目标。

第二个指标为农村网络零售额和增速，这一指标可以用来衡量县域商业建设在农村网络零售业务以及农村电子商务发展方面的成效。结合"2021年底农村网络零售额1 438亿元"的摸底现状，制定"十四五"时期"实现农村网络零售额达到1 816亿元"的总体目标，并制定"每年增长6%，分别在2022年底、2023年底、2024年底和2025年底逐步提升农村网络零售额至1 524.3亿元、1 615.8亿元、1 713亿元和1 816亿元"的年度目标。

第三个指标为农产品网络销售额增速，是指通过网络销售的农产品的总额的增速，这一指标可以衡量县域商业建设给农村经济发展、农产品流通、农民收入增加以及促进现代农业的发展等方面带来的成效。结合"2021年底农产品网络销售额增速13%"的摸底现状，制定"十四五"时期"分别在2022年底、2023年底、2024年底和2025年底实现增长10%、8%、8%、6.5%"的年度目标。

第四个指标为农村寄递物流综合服务站覆盖率，这一指标可以用来衡量农村地区物流服务的综合水平和覆盖程度，反映了县域商业建设对农村地区寄递和物流服务发展情况方面的成效。结合2021年底村寄递物流综合服务站覆盖率的摸底现状，制定"十四五"时期"实现村寄递物流综合服务站覆盖率达到75%"的总体目标，并制定"分别在2022年底、2023年底、2024年底和2025年底逐步提升村寄递物流综合服务站覆盖率至58.49%、65%、70%和75%"的年度目标。

除了河南省之外，江西省在制定自选指标时选取了乡村社会消费品零售额和农村网络零售额，来重点衡量县域商业建设给农村消费水平以及农村网络销售方面带来的影响和实现的成效。江苏省结合省内情况，在"农产品产地冷藏保鲜设施数量"以及"电商产业集聚区数量"这两个指标上设定了总体建设目标。四川省结合省内实际，重点关注"经营农产品的公益性市场地市级覆盖率"以及"商品流通效率"这两个指标，并设定了"到2025年，经营农产品的公益性市场地市级覆盖率超过全国同期水平，全省县域物流总费用占区域生产总值比率比十三五末降低1个百分点以上"总体建设目标。

除了上述衡量县域商业建设产出的指标外，一些省份在对省内县域商业建设评价时，引入衡量县域建设行动过程的评价指标。例如，河南省根据决策、产出、效益三个方面，依次构建了21个评价指标，其中涉及摸底申报、目标设定、资金投入、资金管理、管理制度等评价县域商业建设前期和过程的评价指标。

（三）建设类型

根据财政部、商务部、国家乡村振兴局发布的《关于支持实施县域商业建设行动的通知》，县域商业建设类型由省级主管部门参照《指南》，结合摸底情况，对下辖县整县商业现状进行分类（基本型、增强型、提升型以及未达基本型）。在此基础上，指导各县因地制宜、自主选择到2025年的建设类型（基本型、增强型、提升型）。其中基本型建设类型主要保障居民"衣食住行"基本消费要求；增强型建设类型在保障居民基本消费要求的同时，满足居民多样化升级消费需求；提升型建设类型在前两者基础上满足高端、品质消费需求。

在具体实施中，各省结合实际，制定了相应的建设类型划分标准。例如，河南省商务厅对照《指南》，以县乡村商业网络体系和农村物流配送"三点一线"为重点，综合县域商业网点设施、功能业态、市场主体、消费环境、安全水平等因素，结合省内实际情况，将建设类型的标准制定如下：

1. 基本型

（1）县域商业网点设施布局基本合理，县城至少有1个基本型及以上综合商贸服务中心，90%以上（含）的乡镇有基本型及以上商贸中心，60%以上（含）的行政村有基本型及以上便民商店。

（2）县乡村商业设施功能业态基本完善，能提供米面粮油、日用百货、农资等商品零售，以及餐饮维修、美容美发等基本生活服务。

（3）农村物流设施基本健全，县城至少有1个基本型及以上物流配送中心，100%乡镇有寄递物流综合服务站，村村有服务。

（4）基本建成县乡村三级物流配送体系，开展日用消费品、农资下乡和农产品进城等寄递服务，全县具备条件的乡镇、村30%以上的物流快递实现商贸物流、电商快递、农产品上行等同类物流标准商品的统仓共配。

（5）农产品流通设施基本健全，拥有基本型农产品产地集配中心，主要农产品产区产地仓储保鲜冷链物流设施基本满足需求，具备条件的县实现农产品市场公益性改造，农产品产销对接机制基本健全，农产品销售保持较快增长。

（6）现有电商服务体系效能有效发挥，县域电商、快递、交通运输、商贸物流等资源整合集聚，基本实现村邮站、电商服务站点、快递站点、便民商店等站点共建共享，实现多站合一、一点多能、一网多用；农村电商产品开发、数据、营销、品牌等服务能力有效提升，农村电商服务覆盖90%的行政村，农村产品网络零售额保持较快增长。

（7）建立较为完善的县域消费品零售额、网络零售额、规模以上商贸流通企业统计监测；建立大宗农产品流通、农产品网络零售等统计指标。

2. 增强型

（1）县域商业网点设施布局比较合理，县城至少有1个增强型及以上综合商贸服务中心，30%以上（含）的乡镇有增强型及以上商贸中心，其他乡镇有基本型商贸中心，50%以上（含）的行政村有增强型及以上便民商店，其他行政村有基本型便民商店。

（2）县乡村商业设施功能业态比较完善，除具备基本型相关业态外，还应提供家电通信、服装家纺等商品零售，以及休闲娱乐、亲子健身、快递物流、本地特色商品体验等多样化的升级消费需求。

（3）农村物流设施比较健全，县城至少有1个增强型及以上物流配送中心，100%乡镇有寄递物流综合服务站，村村有服务。

（4）基本建成县乡村三级物流配送体系，开展日用消费品、农资下乡和农产品进城等寄递服务，全县具备条件的乡镇、村40%以上的物流快递实现商贸物流、电商快递、农产品上行等同类物流标准商品的统仓共配。

（5）农产品流通设施基本健全，拥有增强型农产品产地集配中心，主要农产品产区产地仓储保鲜冷链物流设施基本满足需求，具备条件的县实现农产品市场公益性改造，农产品产销对接机制基本健全，农产品销售保持较快增长。

（6）现有电商服务体系效能有效发挥，县域电商、快递、交通运输、商贸物流等资源有效整合集聚，实现村邮站、电商服务站点、快递站点、便民商店等站点共建共享，实现多站合一、一点多能、一网多用；农村电商产品开发、数据、营销、品牌等服务能力极大提升，农村电商服务覆盖95%的行政村，农村产品网络零售额保持较快增长。

（7）建立相对完善的县域消费品零售额、网络零售额、规模以上商贸流通企业统计监测；建立大宗农产品流通、农产品网络零售等统计指标。

3. 提升型

（1）县域商业网点设施布局比较合理，县城至少有1个提升型综合商贸服务中心，30%的乡镇有提升型商贸中心，其他乡镇有基本型及以上商贸中心，30%的行政村有提升型便民商店，其他行政村有基本型及以上便民商店。

（2）县乡村商业设施功能业态完善，除具备增强型县相关业态外，还应提供品牌服饰、大家电、家居建材等商品零售，满足县域居民高档、品牌消费需求；发展品牌直营连锁、直播网购、美容美妆、文化创意、中央厨房等新业态，增强可视化、数字化、智能化消费场景，建设县域商业新地标，满足高端消费需求。

（3）农村物流设施健全，县城至少有1个提升型物流配送中心，100%乡镇有寄递物流综合服务站点，村村有服务。

（4）建成县乡村三级物流配送体系，开展日用消费品、农资下乡和农产品进城等寄递服务，全县具备条件的乡镇、村50%以上的物流快递实现商贸物流、电商快递、农产品上行等同类物流标准商品的统仓共配；建成贯通县乡村的农村物流体系，在初步实现县域物流快递统仓共配基础上，共同配送的数字化、自动化、标准化设施齐全，采用自动化分拣、立体化存储、机械化搬运、一体化仓配，应用射频识别、智能标签、电子订货、数据交换、信息定位、单元化集装等技术，针对生鲜、工业消费品、农资等不同快递物流件制定统一作业标准和流程，实现共同配送企业全程标准化管理。

（5）农产品流通设施健全，拥有提升型农产品集配中心，主要农产品产区产地仓储保鲜冷链物流设施满足需求，农产品产销对接机制健全，农产品销售保持较快增长。

（6）现有电商服务体系效能充分发挥，县域电商、快递、交通运输、商贸物流等资源充分整合集聚，实现村邮站、电商服务站点、快递站点、便民商店等站点共建共享，实现多站合一、一点多能、一网多用；农村电商产品开发、数据、营销、品牌等服务能力极大提升，农村电商服务覆盖100%的行政村，农村产品网络零售额保持较快增长。

（7）建立完善的县域消费品零售额、网络零售额、规模以上商贸流通企业统计监测；建立大宗农产品流通、农产品网络零售等统计指标。

对照建设类型和标准，河南省对省内县域建设发展现状进行摸底统计，截至2021年底，共有23个县（市、区）为"未达到基本型"，占比21.9%；75个县（市、区）为"基本型"，占比72.4%；7个县（市、区）为"增强型"，占比6.7%，暂无达到提升型的县（市、区）。在此基础上，河南省详细制定了"十四五"期间年度建设目标，以达到2025年底实现"全省实现县城综合商贸服务中心全覆盖，乡镇商贸中心全覆盖，村级便民商店行政村全覆盖，乡村物流快递通达率100%。新培育一批农产品产业化运营主体，助力一批商贸流通企业完成数字化、连锁化改造。布局建设1~2个国家级产地市场；争取创建3个左右国家骨干冷链物流基地、培育10个左右省级骨干冷链物流基地；公益性农产品市场覆盖率达到60%以上"的总目标。具体来说，实施县域商业建设行动后，在2023年底，90%以上县达到基本型，"未达到基本型"的县下降至10个，占比9.5%；"基本型"53个，占比50.4%；"增强型"35个，占比33.3%；"提升型"7个，占比6.7%。2024年底，95%以上县达到基本型，"未达到基本型"的县下降至5个，占比4.7%；"基本型"30个，占比28.6%；"增强型"55个，占比52.4%；"提升型"15个，占比14.3%。2025年底，全省所有县（市、区）均达到基本型及以上类型。其中：基本型13个，占比12.4%；增强型72个，占比68.6%；提升型20个，占比19.0%。

二、县域商业市场表现指标

硬指标是对县域商业建设的硬件考察，而景气指数是对县域商业市场表现的软评价。我们提出利用价格指数、丰富指数和活跃指数评价县域商业市场表现，以评估建设后对县域市场消费的促进与带动作用。同时，本节计算了近三年全国县域市场的景气指数，以期给出县域商业市场发展方向。数据包括了13个省份（云南省、山东省、广西壮族自治区、江苏省、江西省、河北省、河南省、浙江省、湖北省、湖南省、贵州省、辽宁省、黑龙江省）的零售门店信息，涵盖了我国各地区的经济地域，确保了数据的广泛代表性。

（一）价格指数

1. 价格指数

居民消费价格指数（Consumer Price Index，CPI）的理论基础可以分为两种主要观点，即菜篮子指数理论和生活成本指数理论。菜篮子指数理论选择一系列与居民日常生活和消费密切相关的商品和服务，构建一个抽象的商品篮子。通过对比在不同时间购买该商品篮子所需花费的变化，来反映整体物价水平的波动情况。而生活成本指数理论则是通过比较消费者在不同时间追求特定效用水平所需的最小支出，从而反映整体物价水平的变化趋势。

菜篮子指数理论强调了人们日常消费的实际体验，将一系列具有代表性的商品和服务纳入考量，以捕捉价格变动对居民生活成本的影响。然而，这种方法可能在一定程度上忽略了个体消费习惯的差异，因为不同家庭可能对不同商品有不同的消费偏好。生活成本指数理论则更加强调个体的整体支出情况，它关注的是为了达到一定的生活标准，个体需要付出的最低经济代价。这种方法考虑了人们在面对物价上涨时可能会调整其消费结构以降低总体支出。

这两种理论为我们提供了不同的视角，帮助我们更全面地理解居民消费价格指数的含义。菜篮子指数理论关注日常消费，强调商品篮子的代表性，而生活成本指数理论则更侧重于整体生活成本的变化。通过结合这两种理论，我们可以更好地把握物价变动对居民消费水平产生的影响。因此从理论上说，居民消费价格指数的计算方式可分为考虑消费者偏好（如Passche指数、Jevons指数等）和不考虑消费者偏好（如Törnqvist指数、GFT指数等）两种，其中不考虑消费者偏好的计算方式更适用于菜篮子指数理论，而考虑消费者偏好的计算方式则适用于生活成本指数理论。虽然在实践中常常混合上述两种价格指数计算方式，但是零售大数据提供了丰富的商品价格和销售数据，因此本项目同时使用Jevons、Törnqvist和GFT三种指数，构造中国县域零售业高频实时价格指数。具体计算见式（4-1）至式（4-3）。

$$J_j^t = \prod_{k=1}^{M_{jk}^t} \sqrt[M_{jk}^t]{R_{jk}^t} \tag{4-1}$$

$$T_j^t = \prod_{k=1}^{M_{jk}^t} (R_{jk}^t)^{\left(\frac{s_{jk}^{t-1}+s_{jk}^t}{2}\right)} \tag{4-2}$$

$$G_j^t = \prod_{k=1}^{M_{jk}^t} (R_{jk}^t)^{s_{jk}^t} \tag{4-3}$$

式中：j表示第j种基本分类，k表示第种商品，R_{jk}^t表示当期与上一期价格变动相对数，M_{jk}^t表示商品数量，$S_{jk}^t = sales_{jk}^t / \sum_{k=1}^{M_{jk}^t} sales_{jk}^t$ 表示商品销售份额。

2. 县域价格指数表现

通过深入剖析各项主要食品价格指数，我们得以从微观的角度了解食品零售市场的繁荣状况。这些价格指数包罗万象，其中包括蔬菜及食用菌、畜肉类、蛋类、干鲜瓜果、粮食类、奶类、禽肉类、食用油、水产品、糖果糕点等多个品类。这些品类的涵盖范围与前述居民主要的食品消费类别紧密吻合，因此，通过这些价格指数，我们能够更为准确地把握我国县域食品消费的真实情况。食品价格指数还可以反映出县域经济的整体状况。食品的价格波动往往与生产成本、供给链的畅通程度以及宏观经济环境紧密相关。通过对这些价格指数的分析，我们能够更好地洞察县域经济的活力与稳定性。如果食品价格指数保持相对平稳或呈现逐步增长的趋势，那么可以暗示县域经济较为稳健，居民消费能力较强。

县域居民在食品消费方面表现出明显的规律，通常在每年的年中和年末呈现出较高的消费水平。通过对2021年1月至2023年6月的县域零售门店食品价格指数进行计算分析，可以清楚地观察到居民在食品消费上的这一规律，这种趋势在图4-1中得以体现。具体而言，作为我国居民餐桌上主要的食物，畜肉类、禽肉类、蔬菜及食用菌、粮食类以及其他食品都表现出了相似的消费规律，这一点可以从图4-2中得以印证。每年的年中和年末，这些食品的消费水平都会明显上升。这种现象可以找到合理的解释：年末时，我国的传统节日春节使得各家庭都会进行年货的囤积，以迎接新的一年。而在年中，尤其是暑假期间，一些大学生会返乡度假，导致家庭成员暂时增加，从而推动了食品消费的升高。县域居民对食品消费的规律性表现得十分明显，年中和年末的消费高峰可以从数据和社会习惯中得以解释。

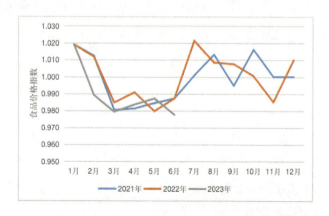

图4-1　2021年1月至2023年6月县域食品消费价格指数

（a）畜肉类

（b）禽肉类

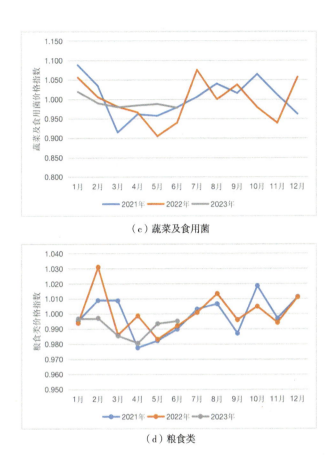

（c）蔬菜及食用菌

（d）粮食类

图4-2　畜肉类、禽肉类、蔬菜及食用菌、粮食类消费价格指数

县域居民的奶类和水产品消费呈现出全年稳定态势。尽管每年的1月和2月出现了消费的小高峰，但在其他月份，这两个品类的消费呈现出相对平稳的特点。图4-3清晰地展示了这种消费趋势。无论是奶类还是水产品，其消费曲线在绝大多数月份都保持着平稳的水平，几乎没有大幅波动。这种稳定性意味着居民在日常生活中对于奶类和水产品的需求是持续且稳固的，而不受季节性或短期变化的影响。值得注意的是，在农历新年这一特殊时刻，奶类和水产品的消费呈现出明显的高峰。这可以被视为传统节庆期间的一种消费特点，人们在这个时候往往会增加对于这些食品的需求，用以庆祝节日或招待亲友。然而，在这些高峰期过后，消费迅速回归到平稳的状态，这再次强调了奶类和水产品消费的韧性和稳定性。

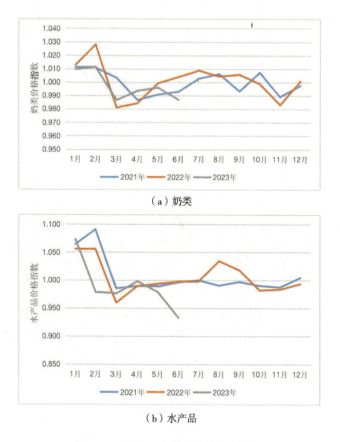

（a）奶类

（b）水产品

图4-3 奶类、水产品消费价格指数

在县域居民的食品消费中，干鲜瓜果、糖类糕点以及食用油的消费表现出一种相对稳定的特征，其在全年范围内的波动相对平稳。虽然这些食品类别并非居民主要的食物来源，然而它们的消费趋势在整个年度内并没有明显的高峰或低谷（详见图4-4与图4-5）。特别值得注意的是，干鲜瓜果和糖类糕点的消费价格指数在各个月份之间的差异相对较小，仅在0.08的范围内波动，维持着相对平稳的水平。食用油作为我国居民主要的烹饪原料，其消费波动同样相对稳定，没有呈现出显著的波动趋势。这种稳定的趋势可能与食用油的购买模式有关。通常情况下，居民在单次购买食用油时购买的数量较大，而购买的频次相对较低，从而使得食用油的消费呈现出相对平稳的态势。这种购买行为模式在一定程度上平抑了消费波动。

（a）干鲜瓜果

（b）糖类糕点

图4-4　干鲜瓜果、糖类糕点消费价格指数

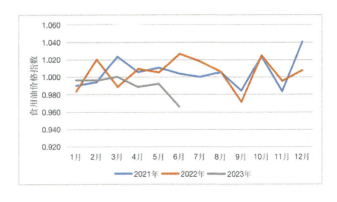

图4-5　食用油消费价格指数

（二）丰富指数

1.丰富指数

丰富指数（Richness Index，RI）是一种用于测量和评估丰富程度的指标，旨在利用丰富指数来衡量县域消费市场商品类别的多样性程度，从而评估居民在购买商品时可选择的多样性和数量。该指标通过统计不同地区各门店提供的商品种类数量总和来计算，其中商品种类的计量单位采用SKU（库存量单位）为基本标准。在计算过程中，首先统计每个门店在特定月份的SKU数量，然后将该县域内所有门店的统计值相加，得出该县域在该月的丰富指数。这一指数旨在反映居民所购买产品的丰富程度，进而为分析该县域商业发展提供参考依据。具体计算公式如下：

$$RI_{Aj} = \sum_{i=1}^{k} (N_{(a_i,j)})\tag{4-4}$$

式中：A为省份名称，j为月数，RI_{Aj}为省份的门店第月已售的SKU数量。

2.县域丰富指数表现

县域零售市场的丰富指数并不仅仅是一个抽象的数字，实际上，它背后蕴含着一个地区商品丰富程度的关键信息。这个指数不仅仅是市场上商品数量的一个简单呈现，而是更深层次地反映了消费者对于多样化选择的渴望，以及地区经济活力的真实表现。随着时间的推移，县域零售市场丰富指数的变化能够揭示出县域商业发展的重要趋势和动态。丰富指数对县域商业的意义也是不容忽视的。丰富指数的变化往往与价格指数有着密切的联系。当市场中商品种类丰富多样时，消费者的需求也更容易得到满足，竞争也更加激烈，这可能在一定程度上对商品的价格产生影响。高丰富指数通常暗示着竞争激烈，消费者有更多的选择，商家也会更加努力地提供具有吸引力的价格和优惠。而在低丰富指数的地区，由于供给较少，商品的稀缺性可能导致价格上涨。

县域零售市场所提供的商品种类呈逐年增加的趋势。通过对2021年1月至2023年6月每个月县域市场的丰富指数进行计算和分析，我们发现这一指数呈现出稳步提高的态势。换句话说，县域内的零售门店正在不断增加其商品品类的多样性（详见图4-6）。这种现象可以用多方面的因素进行解释。

首先，经济的发展和人们生活水平的提高可能导致了对多样化消费选择的需求增加。随着人们对生活质量的要求不断提升，他们希望在购物时能够有更多的选择，从而满足不同的需求和口味。这一趋势不仅反映了商业环境的活力，还反映了人们对多样化消费体验的渴望。

其次，在临近春节这一特定时间点，丰富指数出现了一个明显的峰值。这很可能是因为我国春节是一个重要的传统节日，人们在这个时候通常会走亲访友，赠送礼物成为一种常见的社交行为。这可能导致了礼盒商品等特定商品类别的需求增加，从而在丰富指数中产生了峰值。此外，2022年6月至8月期间的丰富指数也出现了较高的峰值，这很可能与夏季的气温上升有关。夏季的高温天气促使人们对冷饮类商品的需求增加，从而推高了这一季节性商品在市场上的丰富度。

图4-6　2021年1月至2023年6月县域零售市场丰富指数

（三）活跃指数

1. 活跃指数

活跃指数（Activity Index，AI）是金融界常用的术语，通常用于评估特定市场或资产在一段时间内的流动性和交易活动水平。较高的活跃指数意味着市场或资产的交易频率较高，流动性较强，这可能会吸引更多投资者参与。我们将"活跃指数"的概念引入县域商业领域，用以衡量特定县域居民商品消费的活跃程度。通过利用县域零售门店的销售数据，我们可以计算出这一指数，从而更好地理解和评估该县域商业的繁荣程度。

$$AI_t = \frac{sales_t}{sales_{median}} \qquad (4-5)$$

式中：$sales_t$是第t周的销售额，$sales_{median}$是当年销售额的中位数。

2.县域活跃指数表现

活跃指数是衡量特定地区或市场繁荣程度的重要指标。该指数以县域实体零售门店的销售额为基础进行计算，从而客观地反映了该地区商业活动的兴旺程度。县域商业的意义在于，它是地方经济健康的关键指标之一，对于评估一个地区的经济活力、居民购买力以及消费习惯具有深远影响。活跃指数的计算以县域内实体零售门店的销售额为基础。通过监测销售额的变化趋势，可以了解县域市场对商品的需求以及购买力的变化。当活跃指数呈现稳步上升的趋势时，意味着该地区商业活动蓬勃发展。活跃指数作为评估县域商业繁荣程度的指标，是一个反映地方经济、社会状况和居民生活水平的重要窗口。

县域实体零售市场活跃度正呈现下降的趋势。根据我们对2021年1月至2023年6月县域零售市场活跃指数的计算（具体数据见图4-7），除了1月份外，其他月份的县域市场活跃度均出现下滑。然而，与此同时，根据农村居民与城镇居民消费数据的统计，消费额却呈逐年增长的趋势。这引发了一个值得深思的问题：为什么县域居民的消费总额在增加，而活跃指数和订单指数却呈现下降趋势？

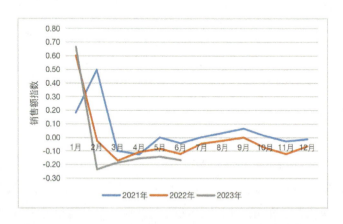

图4-7　2021年1月至2023年6月县域零售市场活跃指数

我们初步认为，这种现象可能反映了县域居民消费正在向线上渠道转移。随着科技的快速发展及互联网和移动设备的普及，越来越多的人倾向于在线上进行购物和消费活动。这可能解释了县域实体零售市场活跃度下降的现象，因为一部分消费者开始选择通过线上渠道满足其购物需求，从而减少了他们在传统实体店铺的购买行为。同理，订单指数的下降（详见图4-8）可能也是因为越来越多的消费者转向线上购物，他们可能更倾向于通过在线平台下单购买商品和服务，而不是亲自前往实体店面。

图4-8　2021年1月至2023年6月县域零售市场订单指数

因此，尽管县域实体零售市场活跃度出现下降，但县域居民的消费总额仍在增加，这表明消费模式正在发生转变，线上消费正逐渐崭露头角。为了适应这一趋势，传统实体零售商或许需要加快数字化转型步伐，提升线上销售渠道的竞争力，以满足日益增长的线上消费需求，从而保持商业活力并促进经济可持续发展。

○ 第五章 县域商业体系建设代表性案例

近年来，我国县域商业发展迅速，成为推进乡村振兴、推动城乡融合发展的重要引擎。在这个过程中，一些生于县域、长于县域的企业，在地方政府的县域商业发展规划指导下，对县、乡、村级市场进行布局，助推县域工业品下乡和农产品上行的流转，在推动县域商业发展中发挥了重要作用，其经验值得我们深入研究和借鉴。本章以北京大星发、安徽安德利、安徽生鲜传奇三个地方连锁企业为例，详细探讨了不同地域的商贸零售企业如何因地制宜稳扎稳打，通过明确市场定位，提升服务质量和效率，深入挖掘县域市场潜力，成为推动本地县域商业体系建设的中流砥柱。

一、北京大星发：村店加盟助力县域商业体系建设

（一）大星发的企业现状

北京大星发商贸有限公司（以下简称"大星发"），创建于1992年，历经30余年的发展已成长为一家以商品批发、开拓加盟店为主，集连锁超市、餐饮、生态种植等业态于一体，在怀柔、密云商界具有一定知名度、美誉度的商业批发零售企业（图5-1）。发展至今，大星发拥有大型综合体1家、直营超市30家、终端客户1 000余家（其中包括大星发加盟店、亿多星加盟店、酒店客户、大型商超客户），涵盖了大型购物广场、大卖场、精品超市、连锁超市、加盟店、物流公司、农贸市场、批发公司、电商平台、餐饮、茶楼、生态种植园等不同业态企业。现有员工1 000人，经营商品30 000余种。商品储

备量达到500吨，配送车辆150余辆，每日库房配送量130吨左右，仓储面积50 000平方米，实现了仓储物流配送功能。

图5-1　大星发企业风采

大星发的业务结构主要包括连锁商超、仓储批发、物流运输和团体配送等四个维度。具体而言：

第一，连锁商超。商超是"商超市场"的简称，是指"商业超市市场"，是一种新型的大型购物场所，主要为消费者提供生活必需品的零售。商超的形式可以是大型超市、卖场、购物中心等。商超的出现，旨在为人们提供更加便捷、舒适、愉悦的购物环境和更多元的商品选择。商超具有规模大、提供的服务全面、公共设施齐全、顾客导向等特点。大星发目前拥有30家直营超市、292家加盟店、1家大型商业综合体、3家蔬果配送中心，这也是大星发的主营业务。

第二，仓储批发。仓储批发指的是仓库以批量的方式，把生产商或品牌商的产品储存起来，然后以批量的方式销售给终端客户（一般是零售商或经销商）。仓储批发的主要作用是把生产商的产品储存起来，让零售商可以更快捷地购买到产品，满足消费者的需求。大星发特别聚焦于仓储批发中的农产品批发，关注与老百姓生活密切相关的禽蛋、水产、蔬菜、水果等农产品。

目前，大星发的仓储面积达到50 000平方米，配备103名专职配送库房管理人员，建立了产品质量检测室。还拥有自己的农副产品批发市场，占地20 000平方米，经营品类30 000 SKU，拥有280家商户，对怀柔农产品供应和农民交易起着重要促进作用。

第三，物流运输。物流运输是物流活动中一种非单一的业务形式，它与商流、物流、资金流紧密结合，主要包括了商流活动、物流活动和资金流活动。物流配送是现代流通业的重要组成部分。随着现代物流技术的发展，一些物流配送企业在研究开发物流信息技术和物流配送管理技术上取得了许多成果，这对于推动我国现代物流发展发挥了积极作用。大星发深耕机关团体配送服务，目前拥有3家配送中心、44辆自有配送车辆、79辆小物流车、27辆长期合作第三方物流车辆。

第四，团体配送。团体配送是指为学校及一部分由财政拨给经费的团体、党政机关、事业单位和企业单位等提供指定商品配送服务，体现为"公对公服务"和大额配送量。这与一般的配送不同，需要企业自身拥有较强的供应链团队，能够满足团体需求，拥有相关商品和配送资质。大星发的团体配送服务对象包括23家大型商超、352家机关食堂和企业单位、126家餐饮酒店、2 073家终端店及加盟店，配送范围较广泛，可提供大量丰富的产品。

（二）大星发的发展历程

1. 第一阶段（1992—2004年）：聚焦零售的县域开拓

1992年1月，大星发董事长李晓东带领4名员工以个体经营方式开始了批发创业之路，大星发的前身成立。1996年7月，北京大星发商贸有限公司成立。2000年，北京大星发商贸有限公司自选商场（大星发超市一号店湖光店）试运营，并于2001年1月开业，标志着大星发多元化经营模式的开始。

然而，大星发的起步发展并不乐观。一方面，怀柔的零售商市场分散，农村夫妻店、农村供销社改制后的私营店较多，居民更倾向于去他们熟悉的家门口小店购物；另一方面，面对沃尔玛、麦德龙、家乐福等跨国零售巨头的竞争压力，我国众多实力较弱的百货企业纷纷倒闭，不少国家级零售企业和区域性零售企业也陷入困境。但这些跨国百货巨头的业务主要集中在大中城市，尚未考虑县域零售市场。在面临内外困扰的情况下，大星发将目光投向县域农村市场，开始在怀柔和密云地区深入布局零售商超领域。

2. 第二阶段（2005—2012年）：蓄势待发的万村千乡

2005年2月，商务部发布了《关于开展"万村千乡"市场工程试点的通知》，正式启动"万村千乡"市场工程，提出要大力发展农村新型流通方式，五年内初步形成以县为重点、镇为骨干、村为基础的村镇消费品零售网络，并为发展村镇网点的企业提供政策性贴息贷款。这为大星发深耕县域和农村的目标提供了政策支持。自此，大星发经营团队开始走访怀柔和密云，发现县域农村零售市场经营的难点，并给出解决方案。具体来看：

第一，农村配货难问题。许多二级经销商和代理商向乡镇和村庄的小卖铺提供配送服务的效率不高，有些地区甚至每周只配送一次。当货物售罄或无法通过货车班车协助补货时，客户只能等待下一次的配货才能购买，严重影响了居民的日常消费需求。因此，2006年4月，北京大星发配送中心成立，为终端客户提供第三方物流服务。

第二，农产品交易难问题。怀柔在很早之前就已被北京市政府定位为生态涵养区，拥有许多优质特色农产品，如板栗、九渡河蓝莓、怀北镇红肖梨等，农业发展共涉及了14个镇乡、45个村。然而，农产品交易大多依赖"赶集"，且每个村、乡的赶集日期都不同，很多地方每周只有一天可供老百姓购买所需商品。因此，农民要出售自己的农产品往往需要四处奔波，参加不同的乡镇集市。这种原始的交易方式和场所使得农产品交易效率较低。为解决这个问题，2009年5月，北京大星发农副产品市场有限公司成立；2010年，北京大星发农发地农副产品批发市场正式开业，为怀柔农产品供应和农民交易提供了有力支持。

第三，农村夫妻店不成体系，商品质量难保障问题。农村夫妻店受限于经营意识的经验主义、个体资金匮乏以及信息技术壁垒等因素，长期发展受到阻滞，且食品安全等问题频繁出现，其改造工作是国家"万村千乡市场工程"的重要着力点之一。大星发由此制定了加盟店战略，选定怀柔全县辖10个镇、5个乡作为其超市服务的细分市场。具体的实施策略是：以怀柔镇为基础，迅速进驻剩余集镇（雁栖镇、北房镇、杨宋镇、庙城镇、桥梓镇、怀北镇、汤河口镇、渤海镇、九渡河镇、琉璃庙镇、宝山镇），依托于配送中心的"毛细血管"作用，辐射到镇下面的乡村以及与之接壤的部分密云乡村。自此，大星发超市在怀柔和密云县域各处集镇"生根开花"。2012年9月，北京亿多星商贸有限公司成立，与配送中心共同承担起怀柔终端市场的经营任务，为净化农村市场和提高农村居民消费起到了重要作用。不到十年时间，大星发成功发掘了县域这一当时被众多百货企业忽视的细分市场的潜力，在整个怀柔百货零售市场中站稳了脚跟，成为区域龙头企业。

3. 第三阶段（2013—2020年）：齐头并进的多线布局

2013年伊始，大星发开始布局多种业态的战略，做出了线上线下发展、调整股权结构等设想。具体来看：

第一，基于零售场景打造多业态战略。大星发基于居民需求、经济发展、技术进步等多种场景，发展了零售、休闲、餐饮等多种业态。2013年1月，成立北京孟溪庄园生态休闲种植有限公司，建设日光棚、垂钓园，打造生态种植DIY，方便了消费者观光、采摘、垂钓。2014年11月，在密云开设150家大星发社区便民菜店，遍布密云各个社区，实现"便民一刻钟"，为密云消费者提供健康、绿色的安全蔬菜，丰富了消费者的"菜篮子"。2018年5月，大星发星乐海鲜正式进入试营业，标志大星发零售餐饮业态的形成。

第二，布局线上线下零售。在"互联网+"时代，零售业正经历着前所未有的变革。相较于知名品牌零售企业，传统中小型零售企业在面对互联网背景下网络零售业的崛起时往往措手不及，力不从心。大星发于2014年4月启动了微信服务，通过发送便民信息、公司促销信息等，拓宽信息流，拉近与顾客的沟通距离。2018年12月，大星发与物美多点易购合作，在星东天地、丽湖、兴怀店开通自助购、自由购业务。这项业务的推出不仅使顾客能够方便、快捷地结账，还为公司在各门店推广网上业务的发展奠定了基础。

第三，通过股权结构布局和打造企业文化，调动员工积极性。2015年5月，大星发公司制定了企业之歌，并为各个团队创作了队歌和队呼。同时，公司明确了企业的愿景、使命、价值观和核心原则，形成了独特的企业文化。2015年底，大星发开始向表现优秀的员工发放期权股，以激励他们为公司做出更大的贡献。2018年8月，大星发提出企业管理的三个重要职责：在管理过程中维护良好的社会口碑；确保企业运行的安全作为管理者要以身作则、严于律己。这些职责对于提升公司的管理水平和塑造企业文化具有重要意义。

4. 第四阶段（2021年至今）：稳县城促乡村的村店加盟

2021年5月，我国提出于"十四五"时期实施县域商业建设行动，着力在农村建立完善以县城为中心、乡镇为重点、村为基础的农村商业体系，力争到2025年，在具备条件的地区，基本实现县县有连锁商超和物流配送中心、乡镇有商贸中心、村村通快递。2023年8月，商务部等9部门办公厅（室）发布《县域商业三年行动计划（2023—2025年）》，要求充分发挥乡村作为消费市场和要素市场的重要作用，进一步提升县域商业体系建设成效，促进城乡融合发展，助力乡村振兴。北京市商务局于2023年陆续制定出台了《关于申报第一批北京市县域商业体系建设项目的通知》《关于申报第二批北京市县域商业体系建设项目的通知》，农村便民商业网点改造提升是其重要的发展任务。

基于怀柔县域市场还存在的突出问题，在上述相关政策的指导下，大星发在"万村千乡"市场工程的基础上，上马"村店加盟"经营模式。村店加盟是以直营为基础、加盟为核心的加盟机制。在除中心集镇以外的其他下辖乡镇地区，选择购买力较强、人口数量过万的乡镇开设直营店，树立企业品牌形象，然后在乡镇下级的各行政村和自然村吸收加盟者。乡镇直营店既是大星发在乡镇的经营网点，也是周边乡村加盟店的直接管理者，负责指导、培训和检查监督周边乡村的农家店，并为加盟店提供货架、消防设施等硬件设施，从而有效控制加盟店的管理成本，提升运营效率。同时，还可以依托加盟店密集的网点布局，实现对怀柔乡村零售市场的渗透占领。

然而，仅围绕县域商业制定加盟模式还不够，发展过程中的问题也层出不穷。例如，缺乏统一的管理标准和食品监督标准，加盟店店长私自进货导致产品鱼龙混杂，门店产品陈列和布局不科学，没有统一的门头和大星发特色装修等。物流统一配送困难，很多加盟店比较分散，且地理位置较为偏僻，若由总部统一配送，则会增加商品的配送成本；若不统一配送，则农家店会成为独立的个体店，难以形成规模效应。另外，很多偏远地区因村庄分散、村民居住不集中而无法开加盟店，也给村民生活造成了不便。

针对这些问题，大星发在村店加盟的基础上，形成了"业代督导"模式，建设了三级物流配送中心，建立农村微信群和生活圈，构建起科学有效的县域商业体系。

（三）大星发的县域商业体系

作为北京市拟支持的第一批县域商业体系建设项目承办企业，大星发的整体业务结构实现协调运转，形成了以业代督导为核心的村店加盟模式，通过建设三级物流配送中心、改造农村便利店、建立农村微信群和生活圈等方式，构建了大星发独有的县域商业体系（如图5-2所示），以此提升自身经营效率和企业声誉，助力县域经济蓬勃发展。

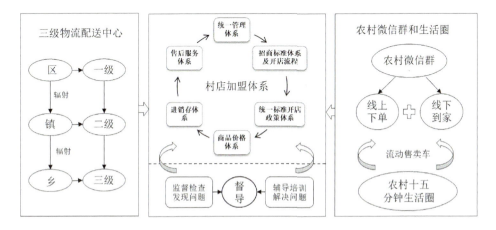

图5-2 大星发的县域商业体系

1. 以业代督导为核心的村店加盟模式

针对缺乏统一的管理标准和食品监督标准的问题，大星发独创"业代督导"方法论，形成大星发特色村店加盟模式。村店加盟是一种将企业与夫妻店紧密结合的模式，这并不是对农村消费市场的瓜分，而是对其进行升级。针对村店加盟模式，大星发提供了一整套加盟店标准体系。具体包括：

（1）统一管理体系：成立由总经理担任总指挥的县域商业体系建设项目小组；设立加盟店督导岗位，负责监督和指导加盟店日常业务管理的执行人。

（2）招商标准体系及开店流程：包括意向店摸排、审核符合改造条件项、统计调改项目、统计增加设备设施数据、门头测量、测算资金投入、门店签订加盟合作协议及装修改造协议、制定改造进度、实施改造等环节。

（3）加盟店统一标准开店政策体系：统一标准包括门头、货架、蔬菜架、价签、吊牌、分类牌、展示柜、卧式冷柜、收银机、收银台、电子秤、服装、推广显示器、易订货、烟柜、收银管理系统、ERP进销存管理系统、统一店内布局、统一装修墙面、地面、照明装饰装修形象等。

（4）商品价格体系：与大星发系统内的门店实行统一价格管理，使用大星发的数字平台和收银系统，加大自有品牌推广，定期为加盟店制定系统内全品项商品促销政策，降低加盟店外出采购成本，提升加盟店对外推广力度，从而提高销售额。

（5）进销存体系：采用与大星发系统一致的统一订货软件，通过系统查询商品的完善信息，确定采购商品种类，了解本店内的商品库存，线上下单，大星发后台接受订单，实现精准出货、备货、发货。

（6）售后服务体系：主要由业代督导负责，包括每周两至三次拜访，定期培训、业务指导、门店商品摆放指导，检查商品信息、下架假冒伪劣商品等工作。

业代督导是由大星发提出的"业务代表"与"门店督导"的创新融合。其中，"业务代表"是批发领域的专业岗位，负责销售及与客户沟通；"门店督导"则是零售领域的专业岗位，负责门店管理、指导和监督。业代督导作为企业与加盟店之间的沟通桥梁。在加盟初期，业代督导负责理货和录入信息系统。在加盟进入稳定运营阶段后，业代督导将进行每周两至三次的巡店，负责日常业务指导。这种"业代督导"式的加盟方式实现了保姆式加盟，极大地降低了店主的学习成本，使农村夫妻店平稳地步入信息化运营时代（如图5-3所示）。

图5-3　改造后的农村便民店

对消费者而言，这种模式极大地提升了购物体验，如可购买的商品品类增多、购物环境更整洁、明码标价无信息差等；而对企业而言，这种模式有助于其更深入地了解农村消费市场，从而更有针对性地向农村市场提供商品和服务，寻找新的业务增长点，同时赢得消费者的信任和支持。

2. 建设三级物流配送中心

针对物流统一配送困难的问题，大星发利用自身大型连锁超市有利的物流管理体系优势，逐步建设区、镇、乡三级物流配送中心，完善仓储、分拣、包装、装卸、运输、配送等配套设施建设，提供直供直销、集中采购、统一配送、库存管理等服务（如图5-4所示）。这一物流配送中心的定位是利用现有乡镇农村闲置厂房或自建房屋完成三级配送物流中心及大中型超市的基础设施升级改造；理念是通过推进县域商业建设，聚焦县域商业体系中的市场缺位和薄弱环节，发挥县城和乡镇的枢纽、节点作用；目标是完善县乡村三级物流配送体系，辐射带动县域商业整体提升。

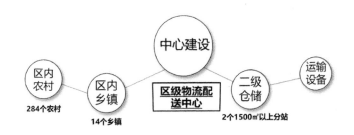

图5-4 大星发的物流配送体系

三级物流配送中心的建设主要分为以下三个维度：一级（区级）物流配送中心地址位于怀柔区开放路70号，该配送中心目前已经建设完成（如图5-5所示），能够辐射怀柔区12个乡镇的批发零售供应商品的储存；二级物流配送中心位于：怀柔镇、雁栖镇、北房镇、杨宋镇、庙城镇、桥梓镇、怀北镇、汤河口镇、渤海镇、九渡河镇、琉璃庙镇、宝山镇、长哨营满族乡、喇叭沟门满族乡，在每个乡镇中心地带投资改造1 000平方米的二级物流仓储配送中心并提升造一批30平方米以上的连锁超市；三级物流可到达12个乡镇的284个村，完全解决农民生活必需品在居住地采购障碍的难题。

图 5-5　改造后的一级物流配送中心

3. 建立农村微信群和生活圈

针对偏远地区村庄分散、村民居住不集中而无法开加盟店的问题，大星发出于社会责任感立即启动线上线下结合机制，运作农村微信群线上订货、线下送货到家服务模式。建群方式是以每个村或一条沟为单位，招募并选择一个热心且善于沟通的当地人建立微信群，令其担任群主负责微信群的维护，宣传服务业务并带动村民加入群聊。微信群内除群主外还配备有一名业务人员、一名管理人员、一名监督人员、3 名大星发门店各经营部组组长，实时负责群内业务对接与售后服务等工作。

同时，还开发了一整套区域布局流程，即从全区布局，在点、线、面统筹规划，做到点位均匀、线路合理、全面兼顾。目前大星发发展农村微信群 77 个，全面覆盖怀柔区 14 个乡镇，群内人数近万人，无智能机、不会用微信的居民则以群主代替下单的方式进行订购。微信群的建立分为两种形式：一是有条件的人口大村单独建群，二是人员分散、人口稀少的村以片区为单位建群。

在强大的物流配送中心支持下，大星发实行所有订单无条件免费配送的方式，因村数较多，故使用不同线路、在不同时间段送货，平均每村每周 1~3 次送货到家；销售部依据每日订单，制定配送路线，与配送车辆及配送人员沟通；物流部负责安排中、小物流配送车辆，对村民所订商品进行免费配送；同时，针对农村微信群送货条件复杂、路程较远、对商品保鲜保质要求较高的问题，大星发投入了保鲜车、冷藏车等冷链配送车，以实现保证质量、及时送达。

大星发还将十五分钟生活圈的概念进一步应用于县域发展，启动了流动售卖车，以服务偏远地区人口分布广泛但居住不集中且不具备开店条件或没有便利店的村落。目前设置的车载商品品类SKU已有上百种，不仅包括蔬菜、水果、肉、蛋、禽、米面粮油副食调味品等，还提供家庭清洁用品、洗涤用品、个人护理用品、纸品、厨房用品等，同时通过手机端口为不便出行的老年人提供手机充值和生活缴费等服务。

（四）大星发的县域商业启示建议

大星发通过一整套县域商业体系发展组合拳，实现企业价值、顾客需求、民生发展、助力政策落地的全面赋能成果。从提升企业价值来看，大星发形成以"业代督导"为核心的村店加盟模式，通过建设三级物流配送中心、改造农村便利店、建立农村微信群和生活圈等方式，共享大星发平台，构建了独有的县域商业体系。从满足农村居民需求来看，大星发有效减少流通环节，控制商品质量，建立健全农产品质量体系、市场流通体系及服务保障体系，使居民吃上安全、放心的商品，减少城乡价格"倒挂"现象，降低居民生活成本，释放农村消费潜力。从服务保障民生来看，大星发通过对区、镇、村三级改造，最终使农村配送网点得到提升改造，加大辐射面使处于农村的终端网点得到实质性的改变。从助力政策落地来看，大星发通过自建合建、改造提升、加盟合作等方式，改善乡镇消费环境，提高便民服务能力，拓展线上线下购物模式，更好满足人民群众对美好生活的需要，为县域商业发展提供了以"业代督导"为核心的村店加盟模式，是促进城乡协调发展的典型样板企业。

总结大星发通过村店加盟项目搭建县域商业体系的发展过程，可以得到以下三点关于县域商业体系建设的启示建议：

1. 企业要构建"物流+销售"综合体的商业模式

推动县域商业发展对繁荣农村经济、促进农村消费意义重大，这背后需要依靠政府、企业、市场等各方努力。从大星发的县域商业实践来看，构建"物流+销售"综合体的商业模式成为零售领域的破局关键。一方面，通过整合物流资源、发展共同配送，健全县乡村三级物流配送体系，完善物流基础设施，推动物流快递统仓共配，实现镇村网点多站合一、一点多能、一网多用，提升末端服务水平，能够有效帮助县域农产品输出和乡镇运输发展；另一方面，因地制宜创新销售模式和渠道，例如由代销转变为经销、村店销售点组建微信群团购等方式，以此从运营、业务流程、组织管理、流通便利、食品安全等多个维度提升经营效率。

2. 政府要发挥村镇的重要节点功能

推动县域高质量发展、强化乡镇联城带村的节点功能、建设宜居宜业和美丽乡村、统筹推进城乡一体化发展的重点，是要在县域作为农村商业切入点的基础上，发挥村镇的重要节点功能，适应当前农村流通、农村消费的实际情况。一方面，依托村镇销售网点，构建融合小超市、电商网点、乡村客货运站点、民宿等服务的综合载体，带动周边农副产品的销售；另一方面，发挥乡镇联城带村作用，从第三产业入手，打造宜居、宜业、宜商、宜游的镇域高质量发展示范村镇。加强社会综合服务中心建设，扩大乡镇商业街区，打造产业兴旺的商业圈，谋划建设新型供销智慧农贸中心，打造货畅其流的物流圈。

3. 各方要厚植顾客需求和筑牢民生底线

县域商业的目的是促经济、促发展、促幸福。各方参与者要围绕这个核心，厚植顾客需求，筑牢民生底线。一方面，要有效满足顾客消费和流通需求。企业要通过创新商业模式减少流通环节，控制商品质量；政府要建立健全农产品质量体系、市场流通体系及服务保障体系，使居民吃上安全、放心的商品，降低居民生活成本，释放农村消费潜力。另一方面，要加强应急保障、营商环境、食品安全、系统化管理：一是实现强有力的应急保障，将商品供应和人民需求作为最后底线，在疫情、洪水等灾难期间迅速保障人民生活需求；二是打造良好营商环境，以顾客需求增加服务内容，丰富百姓生活，例如大星发零售商超、海鲜生鲜、休闲娱乐等商业模块的整合；三是严格关注食品安全，特别是偏远地区和农村的食品过期问题，保障人民的身体健康和食品新鲜；四是系统化管理，通过引入数字化手段和系统实现数据共享与分析，提供符合人民需求的产品。

二、安徽安德利：县域大型零售平台推动县域商业发展

（一）安德利的企业现状

安徽安德利工贸有限公司（以下简称"安德利"）1984年成立于合肥庐江县，是安徽省重点扶持的商贸流通企业，原属国有零售企业，2002年改制为民营企业。2013年，安徽省开展县域商贸流通体系建设试点，安德利是试点企业。2016年，安德利在上海证券交易所上市。目前，安德利在安徽省庐江、巢湖、和县、无为、含山、当涂、肥西7个县市共拥有近90家门店。每个县建有一个超大型的涵盖百货、家电、超市业态的综合性商场，县内主要乡镇建立商贸中心，县内社区开设便民超市，并自建完整的物流配送体系（图5-6）。安德利已发展为安徽中部下属的县乡地区中最大的百货零售连锁企业，获得安徽省重点扶持"十大商贸流通企业"以及"中国百货商业协会百强企业"称号。2022年，安德利超市营收达到13.3亿元，同比增长5.71%；利润从4 709万元增长至6 118万元，同比增长30%。

图5-6 安德利商贸中心及安德利超市

（二）安德利的发展历程

安德利创办至今近40年，见证了中国改革开放伟大进程中的一次次重大经济变革，经历了多轮经济周期的大浪淘沙，依靠在每个时期因势而谋、应势而动、顺势而为，在时代浪潮中屹立不倒稳步发展。20世纪90年代末，计划经济时期县级商业配置的百货公司、糖酒公司等纷纷倒闭，县域市场没有

了骨干商业，几乎都是个体户承载着县域商业。安德利抓住机遇，在庐江县委、县政府的支持下进行企业改制，得到充分的用工、分配自主权，极大地激发了企业活力，顺利转型，蓄势待发。进入 21 世纪，安德利在政府的支持下顺利由国有企业改成民营企业，迎着中国加入 WTO 后的经济增长高峰快速发展，用 10 年时间完成了巢湖、含山、无为县城及主要乡镇的网点布局，销售额由 5 000 万元增长到 10 亿元，员工由 400 人发展到 3 000 人，一跃成为巢湖区域商业龙头企业。2005 年，商务部在全国推行"万村千乡市场工程"，安德利被选为"万村千乡市场工程"商贸零售企业代表。2013 年，安徽省开展县域商贸流通体系建设试点，安德利更是在国家政策支持下，一鼓作气在乡镇开了 30 多家店，时至今日全部存活，且表现亮眼。2021 年，商务部等发布《关于加强县域商业体系建设促进农村消费的意见》《县域商业建设指南（2021 版）》，县域商业体系建设被提上日程。这一政策与安德利自身的发展目标不谋而合，但如何抓住这一政策带来的新机遇，打开新局面，成为摆在安德利面前的新挑战。

作为县域商业中的重要成员，安德利在战略层面保持理智、审慎定位，在战术层面诊断瓶颈、主动出击，以己之力推动国家县域商业体系建设工作，再一次实现企业发展与国家建设的同频共振。

（三）安德利的县域商业体系

作为一家坚定奉行长期主义的企业，安德利始终在思考要成为怎样的企业，要制定怎样的发展战略以实现企业的长远发展。基于对自身的了解、对行业的洞察和对环境的感知，安德利确定在县域市场深耕细作、顺应时代潮流发展县域商业体系的发展战略，在此基础上坚持自营经营模式，面对电商渠道的冲击打造轻量协同的线上业务线，在经营策略的选择上聚焦供应链管理与优化，支持安德利的县域商业发展蓝图。

1. 经营范畴：农村包围城市，围而不攻

对于零售连锁企业来说，扩张充满无限的吸引力。提升规模效应、强化品牌效应、增强议价能力……在这些扩张的"诱惑"面前，安德利的高管团队没有贸然攻城略地，而是选择扎根市场深入调研，最终确定安德利"农村包围城市，围而不攻"的战略定位。"我们覆盖了安徽省南部的 7 个县，这些县位于长江流域，在省内经济情况最好、人文历史最悠久，足以支撑百亿级

市场，也就是说，对于安德利来说，我们所处的县乡市场非常广阔，能够支持我们至少二十年的经营。"安德利集团董事长陈学高有条不紊地分析"农村包围城市"战略的制定依据。对于"围而不攻"，副总经理李立东则说："我们清楚地知道，安德利只是熟悉农村市场，目前尚不具备经营城市的能力。我们的角色定位就是做当地人民自己的商场，发展县域经济。"随着时代的发展，社会不断前行，县域乡镇居民对美好生活的需求日益增强。在每个进入的县城，安德利建造一个涵盖百货、家电、超市业态的超大型的综合性商场，让县域居民无需长途跋涉到城市，在家门口就能享受到综合全面的一站式服务；在7个县的主要乡镇，安德利按照所进入的乡镇农村常住人口及配套商业的需求程度，建立不同店型的商贸中心，满足乡镇居民的日常生活所需。下一步，安德利准备和村一级组织联合，进一步将渠道下沉到农村——在村里新建200家村级便民连锁店，农村便民店共享安德利县域整套商业资源，同时搭载多项便民服务，重在提升村一级便民商业网点供给水平，保障农村居民就近便利消费和基本生活服务。

安德利的精准定位，一方面帮助企业找到生存和发展的空间，在县域市场深耕细作稳扎稳打，挺过疫情冲击甚至逆势而上；另一方面也帮助企业建立起所在地区的"县—乡—村"三级商务体系，实现了企业将更好的商品、更好的服务带到农村，拉动农村产品上乡的使命，实实在在地回报家乡，回馈百姓。

2. 经营模式：发展自营护城河，打铁还需自身硬

在拓展版图与深耕细作之间，安德利选择了后者，决心在广阔的县域市场大展拳脚，对应在经营模式的抉择中，安德利面对着日益激烈对手复杂的竞争环境，在联营模式和自营模式中选择了更适合自己的自营模式，在战略层面修炼内功，"打铁还需自身硬"。

自营模式由超市商场组织资金从制造商或者代理商处采购商品，商品验收入库后纳入库存管理，由超市企业负责商品的销售，承担商品所有权上的风险和报酬。选择发展自营模式，无疑是对安德利经营能力的巨大考验。为此，安德利基于县乡市场的消费特点对自营模式进行适应性创新，一方面加强以中心店带动卫星店的方式进行网点的布局，另一方面以中心店为核心配套建设了自身的物流仓储基地以配合产品销售。此外，安德利还围绕采购、库存、销售、网点开发等重点管理环节建立了较为完善的管理和风险控制制度。发展至今，安德利的自营比重已经达到80%。"过去我们做得不强大的时候，我们没有话语权，根本解决不了供应商抬价的问题。"董事长陈学高不无感慨地举了一个鲜明的例子，"从前我们安徽省的第一名酒，要求在我们超市必须以最好的位置展示，但是酒厂不跟我们直营，必须经由代理商购货。我们覆盖7个县，一共有9个供应商，每个供应商拿货价格很低，但是出给我们的价格很高，这样实际上是牺牲我们的品牌为他的产品背书。之前我们没有办法，后来我为此到四川收购了一个酒厂，我们自己生产酒，这两三年时间销量越来越大，已经能够代替这个酒的销售。从那之后我就与他们谈，如果不与我们直营，那对不起，我们70多家门店全部下架你这款酒。其实对这款酒而言，我们几十家超市的销售好不好他们并不在意，但是我们作为7个县超市的老大，不再上架这款酒，对他们的品牌会造成很大影响。我们下架这款酒后引起了对方董事长的注意，要求他们的经理解决这件事。最终我们获得了这个品牌的直营权，每瓶酒的利润率增长了3.6倍。"（图5-7）深耕县域几十年，安德利靠修炼自营"内功"塑造自身的核心竞争力，强化自身的影响力，并反过来以自身的影响力为自己的议价谈判增添筹码与底气，巩固其自营模式的持续发展，形成良性循环。

图5-7 安德利自产"陈大憨"白酒

3. 经营渠道：电商业务小而美，是"鲶鱼"也是"保险"

2014年后，"互联网+"浪潮奔涌而来。随着互联网普及率的不断提高，电商巨头开始认识到县域市场的巨大潜力，他们积极探索和开拓农村和县城市场，为农村消费者提供了更多选择，并帮助农村商家进入电子商务领域。各电商巨头争夺市场份额，摆在安德利面前的挑战越发严峻。在激烈的竞争中，安德利并未躲避时代浪潮，而是选择拥抱新事物，并在这拥抱的过程中摸索出一个最优的平衡点，发现电商之于安德利的最优定位，是激励安德利更进一步的"鲶鱼"，也是给安德利加的一道"保险栓"。

当谈及安德利传统线下业务与新增线上业务的关系时，总经理王鹏说道："坦率地讲，这个变化我们必须拥抱，不拥抱肯定是不行的，电商你不做，竞争对手会做，消费者也已经接纳这种消费模式了，就像一条'鲶鱼'，逼着你要往前走。但开始做的时候我们走了弯路，我们将安德利的超市业务做到天猫超市、考拉这些大平台里，毛利率很低，因为只有做大幅度满减活动才会吸引消费者。后来董事长壮士断腕，将这部分业务剥离出去，我们超市自己做，外部平台只在美团、饿了么、京东到家、淘鲜达四个平台做，从最初的B2B业务完全转为B2C服务。之前做To B业务虽然做了一年几千万元的GMV（商品交易总额），但我们其实是赔钱的；现在我们的To C电商业务，每年不仅能做到七八千万元，而且能净赚几百万元。"

在想清楚电商业务在集团整体版图中的定位后，安德利以很快的速度实现了做"不赔钱的电商"——2023年，安德利电商渠道的销售额同比增长35%，利润率增长45%，占超市业务整体份额的7%，可称之为"小而美"。

亮眼的电商增长背后是安德利在保护消费者品牌黏性方面下的"功夫"：第一，安德利电商渠道为老百姓提供绝对新鲜日期的产品，比如牛奶、果汁，不把临期产品放在消费者看不到生产日期的线上渠道；第二，线上线下超市互通，消费者在线上买到不满意的东西可以来线下门店退换，这是安德利的责任感；第三，电商配送深入乡镇村，而且是按小时计时，老百姓如果从京东买东西最快也要两三天到村，但从安德利买几小时就能送达。

而7%的占比是安德利摸索后找到的均衡点——将电商业务维持在这个规模，既不会让线上业务赔钱，也不会影响线下业务的客流量，能够最大限度发挥双渠道的协同效应。在可见的时间范围内，安德利会放心地保持这个最佳"保险栓"比例。

点到即止、张弛有度，安德利面对经营渠道的抉择时，没有避之不及，也没有盲目入局，而是巧妙地消化了来势汹汹的新事物，进一步强化了企业实力，得以专注于安德利在县域市场的深入经营。

4. 经营策略：鞭辟入里找要害，强化供应链管理

为保证集团依照预想的战略方向前进，实现在县域市场的稳步发展，安德利同样重视经营策略。在对自身全面盘查后，安德利发现强化供应链管理是安德利的核心要害，由此开展了一系列强化供应链管理的改进措施，对供应链中生产环节、经销环节和分发环节的问题都进行了"对症下药"。

（1）生产环节：乡镇地产品采购，与农民互利共赢

生鲜商品是安德利超市中的重要品类，能否买到齐全、新鲜的蔬菜瓜果，是很多消费者决定是否走进安德利的重要因素。在生鲜商品供应链中，消费端的居民有对新鲜农产品的刚需，供给端的农民则依赖这些农产品养家糊口。过去，这条供应链中有多层中间商，且受限于运输条件和生鲜产品的高损耗率，往往是农民挣得不多，消费者可选范围窄小。安德利作为深耕县域的连锁企业，一方面秉承着为县域百姓带来好商品好服务的宗旨，另一方面对于县域商业体系的建设怀有强烈的责任感，开拓地产品直采、推进乡镇农产品上行成为其水到渠成的选择。2022年，安德利成立了"乡镇地产品采购工作组"，专门采购农民的农副产品，进一步整合供应链，升级供应链，成为取代所有中间环节，直接联通农户与百姓的桥梁。对于建立起长期合作的农户，安德利为农户提供优质种子和冷链运输，并承诺全包保价收购，提升农产品质量的同时降低脱销或滞销风险。在与乡镇内散落的家庭农场对接合作后，安德利的地产品采购工作更是事半功倍。

以安德利长期合作的庐江县同大镇连河村一家家庭农场为例，农场经理是本村土生土长的农民，在村内青壮劳动力大量外出打工、留守老人难以经营农作物的大背景下，承包下村内空地，基于现代化农业技术集中种植经过专利申请的本地特色农作物，以及安德利等大型采购商指定的农作物；在作物收获时，反向聘请村内留守老人帮忙采摘，薪资日结。在这样一条农产品向上流通的链条上，留守农民同时挣到年承包费与采摘日薪两笔收入，钱袋子逐渐鼓起来，家庭农场通过引入现代化农业技术获得可观的经营收益，安

德利以适宜的价格采购到品相新鲜、供给稳定的农产品，安德利面向的广大消费者则以更低的价格享受到新鲜高质的生鲜商品（图5-8）。

图5-8   安德利合作家庭农场种植的有机韭菜与西蓝花

这条全员受益的供应链，很大程度地激励了安德利在供应链优化的方向上不断创新前行，同时引人深思：在县域商业体系建设工作中，安德利这样的区域大型平台企业承担的是怎样的角色？如果没有一家根植本地、熟悉本地的大型企业衔接农户与消费者，这条供应链的流转效率还能如此之高吗？答案大概率是否定的，只有安德利的经营体量，能够抵御农产品流转的天然高风险，给家庭农场提供源头需求和保价包销，保证供应链上的每一环节有长久稳定的收入。在庐江等7县内，安德利是本地龙头企业，但放眼全国，安德利只是诸多零售企业中的一颗星星，广袤的大地上散落着大量与安德利相似的本土企业，这些本土企业都是县域商业体系中的重要参与者，安德利对于乡镇农产品上行的推动、对于县域商业体系构建的贡献，对广大本土企业具有强烈的示范效应。

（2）经销环节：整顿上游供应商，大幅提升"商品力"

相比于业内诸多同行，安德利是一家从计划经济时代走来的年长企业，每一次跟随时代浪潮转身前行，都伴随着企业内部的改革焕新，也不得不面对下一次改革来临前存在的沉疴旧疾。2022年，意识到上游经销商越发膨胀挤压安德利利益，自家采购人员出现松懈疲惫、立场漂移后，安德利以"开源节流"为目的进行了一系列变革。对内，安德利整顿团队风气，更新了分配奖励机制，员工一改过往疲态；对外，安德利整合了所在7个县的供应商资源，大刀阔斧地砍掉大量沿用多年的经销商渠道，直接对接品牌厂商，实现"去中间商化"。"说来惭愧，我们是很后期才发现，有好几个县的竞争对手超市，竟然是被我们合作多年的一些上游经销商投资占股的，相当于在过去的一段时间里，我们安德利亲手养大了我们的好几个竞争对手。"总经理王鹏总结了安德利决心变革、颠覆过往供应链格局的"导火索"。为了能与尽可能多的品牌厂商直接合作，将供应链管理的主动权紧抓在自己手中，安德利真正从安徽走了出来。王鹏形容道："去年董事长带队，我们北上黑龙江南下广东，走遍了祖国的大江南北。"通过参加各类展会，其他企业引荐介绍，安德利对接了大量的源头供应商企业。最终，安德利在这次开源节流中砍掉了381个供应商，涉及酒水、零食、干副、百货等多品类。新引进了86个源头供应商，将品牌直供商品占比从23%提升到41%，预计2023年年底达到51%。

供应链管理的"化零为整"给安德利带来了显著的变化：首先，诸多品类产品的毛利率实现多倍增长，整体毛利率提升1%，商品售价下降2%，95%的商品售价可以不高于竞争对手（图5-9）；其次，安德利作为区域连锁企业也能第一时间上架新产品，让乡镇消费者也能"追上潮流"；最后，安德利此前基本每种产品都要对接7个甚至更多经销商，盘根错节、疲于沟通，连锁企业的规模优势被牢牢限制难以发挥，如今终于成为往事。安德利的"商品力"大幅提升，重塑了消费者到店理由，实现了运营效率的提升。

图5-9 供应链整顿后安德利超市内商品售价降低

（3）分发环节：识别瓶颈攻物流，建成毛细血管网

如果将安德利比作一个人，那么物流系统就相当于安德利的血液循环系统，是保证安德利的每个战略都能顺利实现的基础。在确定"农村包围城市，围而不攻"，以及坚持自营的战略定位后，安德利敏锐意识到物流体系的重要性，没有自己的物流体系，再准再好的战略都难以实施。因此，在战术层面，安德利倾力攻坚物流环节，开始自建完整的物流体系。为进一步做大县、镇、村三级连锁经营，安德利在辐射到的每两个县建一个物流中心，2022年在总部庐江县继续投资3 268万元，新建了13 000平方米的物流配送中心。物流配送中心建成后，安德利物流配送中心的总面积达到了占地面积286亩，建筑面积近10万平方米，有力保障了安德利在城乡发展的需求，让安德利在所覆盖的县乡区域构建了一张如同毛细血管的物流分发网络。

"现在市面上的全部业态，我都不怕，真正能够对我们造成巨大危机的是京东，京东的供应链规模比我们大得多，而且京东自己的物流配送一整套体系非常成熟。一旦京东想要下沉到我们的市场，我们无力还手。我们不能等死，所以要早早做好准备，就像任正非说的华为的冬天，我们也是这样，我们要做到即使冬天到来，我们也有衣可穿，不会冻死。"董事长陈学高说道。安德利给自己打造的这件御寒衣服，就是深入乡镇、触达村民的有如毛细血管网络的物流系统，这是超大体量的电商企业深入不到的粒度，是深耕乡镇市场的安德利发挥自身区位优势，量身打造的又一道护城河。当谈及安德利目前的物流系统的细致程度时，总经理王鹏介绍了安德利的一位特殊消费者："无为有一个小得不能再小的红庙镇，整个一个小镇六百多户，就是两千多人。有一个二十七八的姑娘嫁到了马来西亚，生孩子时把自己的妈妈接过去照顾她，但她的姥姥和姥爷还在这边，七十多岁了。这个姑娘每天用我们的安德利小程序给她姥姥姥爷买菜、买牛奶，我们的配送员每天送过去。其实每天的这一单都是赔钱的，一个配送员每天要搭进去一个半小时，除了在路上的时间，每天还帮这对不会用智能手机的老人给孙女拨一个视频电话过去，等他们聊天完再回来。这种赔本的单，京东不会做，沃尔玛不会做，但是我们愿意做，回馈乡亲是我们的责任之一，而且我们也有能力这么做。"物流系统的强大保证了安德利"循环系统"的流畅运转，不仅承担起企业朝着目标稳步前行的脚步，承担起县域

商业体系中工业品下行与农产品上行的高效流转，也承担起最返璞归真的家乡情怀。

5. 未来期望：做透县域市场，获得政策切实支持

2024年，安德利即将创办40周年。对于未来的计划与畅想，安德利还有很多目标想要实现。首先，想要进一步完善安德利的工业品下行与农产品上行流转机制，让乡镇居民享受到不亚于城市居民的好商品、好服务，让更多农民群众持续增收，"钱袋子鼓起来"，有能力消费好商品与好服务。其次，想要做透县域市场，完成所有乡镇、主要社区乃至村里的连锁超市全覆盖，供应链体系辐射县乡村三级，让安德利面向的广大消费者能够便捷、安心地消费，做成一个非常完善的、多功能的县域流通体系建设的标杆企业，在不被人重视的角落里，创造新的亮点。

对于县域商业体系建设的支持政策，安德利盼望不已，但自2021年商务部出台《县域商业建设指南（2021版）》以来，安德利却没能如10年前、20年前一般，乘上政策的东风。"我们盼星星盼月亮，终于等到了这个政策出台，这个政策对正在不断深耕县域市场的企业，无疑是一个巨大的推动力！但政策实施一年来，我们却对这个政策望而兴叹。原因是，这个政策是试点县才能享受的政策，我们所在的7个县，没有一个县报上试点县，所以也享受不了这个好政策。也就是说，我们符合条件，但因为不是试点县，却报不上去；而有的试点县，又没有符合条件的企业，钱只能在财政账户上放着。商务部出台的建设指南，要把地方政府绑进去，希望地方政府出钱、出人、担责任，初衷是好的，但是地方政府没有钱，也没有专人负责，更不愿意承担责任，所以地方政府不愿申报试点县。我们的建议是：和以前一样，由企业和政府共同主导，按照市场化推进。在税收上，也能多向实体商业倾斜，给予一定比例的返还政策。"董事长陈学高提议道。

对于企业视角的建议，地方政府也有自己的苦衷。"县域商业体系建设是我们很重视的工作内容，但在实操环节，有很多隐性的阻碍。比如省商务厅要求，申报资助项目对应的考核指标是物流共配率达到35%，这是省商务厅按照商务部政策要求，自定义的约束性指标。但实际上，底子好的地区，物流基础摆在那，共配率很难提高，何况到35%，所以出于对考核压力的担忧不敢申报示范县；底子差的地区没有安德利这类大型流通企业，兜不住这样的建设任务，最终就僵下来。"合肥市商务局市场体系规划建设处刘琼分析道，"除此之外，当前政策的申报与验收之间的时间间隔过短，经常出现确定这个区县是试点的时候，建设工期已经过去半年了，结果当年就要验收试点建设成果，非常仓促，这也导致地方政府的申报积极性弱。"因此，县域商业建设政策的执行者恳切建议省级部门积极开展专家下乡、基层摸底和咨询答疑，及时了解当地政府、企业的困惑和实际问题，基于实际情况制定县域商业体系建设工作规划。

（四）安德利的县域商业启示建议

安德利通过确定深耕县域市场的经营范畴、坚持自营的经营模式、理智拥抱电商新渠道，并逐一攻克供应链管理中的沉疴宿疾，实现了安德利自身的稳定发展，同时为当地人民带来生活质量的提升，有效推动所处地区县域商业体系的建设。在"道"的层面总结安德利在县域市场稳扎稳打修炼内功的经验，可以得到以下三点关于县域商业体系建设的启示与建议：

1. 县域企业须有理智明确的目标，谨慎制定适合企业的战略

自"万村千乡市场工程"开展以来，很多企业乘上时代东风大力发展、不断扩张经营版图，但经历20多年的风雨考验，存活下来的企业寥寥。安德利在每一个重要的决策关口，没有贪多冒进、盲目扩张，而是仔细分析企业自身积累的优势与弱点，结合所处市场的体量与竞争程度，确定适合自身稳步发展的经营目标，深耕县域市场，对城市"围而不攻"；面对变幻莫测的市场，安德利前瞻性地选择自营模式作为企业发展的护城河，以不断增强自己实力的思路来应对万变的市场；面对新颖且具象的竞争渠道，安德利既没有做消极逃避的"鸵鸟"，也没有亦步亦趋地跟风，而是积极拥抱新兴事物，并在不断的试验与迭代中将新事物发展成为自身的新助力。这些经验对于广大县域市场中与安德利具有相似定位和基础的县域零售企业，有着重要的参考与启发。

2. 供应链管理能力是区域大型零售平台长久发展的必要支撑

企业的经营战略是"道"，而对于零售企业而言，供应链管理是其实现战略的"术"。安德利在对自身全面盘查后，发现供应链管理存在的不足，制定一系列供应链优化战术，并逐个落到实处，进一步打通了安德利供应链体

系的上中下游，实现安德利面貌的"焕然一新"。供应链管理能力的提升，让安德利实现扭亏为盈，有底气依照蓝图稳步前进，也得以在经营范畴内实现人文关怀的"企业级自我实现"。供应链改革的过程是艰难甚至痛苦的，但如果没有当断则断和开辟新路的魄力，安德利无法开创今日欣欣向荣的局面与前景。

3. 地方政府与大型零售企业的协同作用至关重要

安德利的每一次进步都离不开时代的机会与政策的支持，但自2021年商务部出台《县域商业建设指南（2021版）》以来，安德利却没能如十年前、二十年前一般乘上东风。这不仅是安德利的遗憾，对于本地县域商业体系建设工作，也是发展机会的错失和国家专项资金的闲置。根据安德利以及地方政府相关部门的实际经验来看，政府与企业的强强联合是双方都迫切的期待，但在落实环节仍存在许多隐蔽而琐碎的问题，阻碍地方政府与区域零售企业的协同发展。对此，区域企业需要梳理自身对于国家政策和地方政府的需求，将诉求的声音传递给政府部门；地方政府则需要承担起连接国家政策与区域企业的桥梁作用，对所辖县域的实际情况进行系统、全面的摸底调查，有的放矢地制定县域商业体系建设的工作计划。

三、安徽生鲜传奇：大型平台企业推动农产品上行

（一）生鲜传奇的企业现状

安徽生鲜传奇商业有限公司（以下简称"生鲜传奇"）是安徽一家社区生鲜连锁品牌企业，定位为"小区门口的菜市场"（图5-10）。2015年6月，首家生鲜传奇在安徽合肥的香樟雅苑开业，与以往的社区超市和生鲜专卖店不同，生鲜传奇立足生鲜及厨房周边商品，采购供货聚焦消费者家庭的一日三餐所需，并以水果、蔬菜、肉类水产三大区块进行划分，打造标准化门店、标准化生鲜产品、标准化运营基础管理模式。生鲜传奇先后开设200余家门店，获得红杉、IDG、嘉实、国元资本四轮领投，数十家知名资本跟投。至2023年，生鲜传奇估值已达38亿元，一举成为生鲜领域领军企业以及区域的龙头企业。2020年，生鲜传奇入选中国潜在独角兽企业。

图5-10　安徽生鲜传奇商业有限公司

生鲜传奇以"食品经营是良心修行"为企业价值观，致力于为消费者提供"品质良好、价格不贵"的商品。生鲜传奇立志做一家高科技制造型全天候的零售公司，对管理模式和商品体系进行了全新定义，培养买手制团队，在国内外合作了800余个农业基地和200余家工厂，一手货源，全程品控，实现生鲜标准化管理。近些年，生鲜传奇在上海组建了软件开发团队，开发了适应生鲜经营的"哪吒系统"，打通基地、厂商、物流、仓储、加工、门店和顾客的全链条，通过高科技手段，缩短生鲜的流转时间和交接层级，保证生鲜的高品质运作。生鲜传奇建成2万余平方米的现代化物流加工中心；开发了400余款适应家庭消费的加工商品，每天向市场供应20万份半成品和成品，形成独特的商品体系。生鲜传奇重视自有品牌的开发，坚持"走遍万水千山，只为一款好品"的经营理念，去除中间商，去掉品牌溢值，提供更便宜、更好的自有品牌商品。面对消费者的需求变化，目前，生鲜传奇开设了"小鲜店""标准店""食集店"的大中小线下店，满足不同空间要求的顾客。生鲜传奇还开设了"传奇优选"和"瓢虫云菜店"的线上门店，实现24小时下单，到店自提和送货上门的全天候服务。

（二）生鲜传奇的发展历程

门店数量稳步扩张：从2015年6月开出第一家店开始，生鲜传奇并没有加速推进门店复制，而是在第一个半年里，围绕开出的第一家店，不断试错门店模型，在模式逐渐成熟叠加资本助力的基础上，2016年逐步展开扩张，截至目前已扩张至200多家门店。在拥有完善的供应链优势和标准化管理体系后，生鲜传奇开始全面布局三种实体店业态：标准店、食集店和小鲜店。食集店规模为600~1 000平方米，主要针对超大型小区；标准店规模大概为240平方米，面对中型小区；小鲜店规模为60~70平方米，针对小型社区和家属大院。三种业态使城市布局颗粒度全覆盖。截至2023年8月，生鲜传奇标准店、食集店、小鲜店分别开设100家、16家、90家（如图5-11所示）。

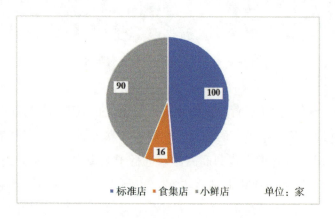

图5-11　生鲜传奇三种业态门店数量

门店模型快速迭代：8年来，生鲜传奇持续迭代，锻造核心竞争能力，截至2023年8月，生鲜传奇门店已升级迭代至第八代（如表5-1所示）。

表5-1　生鲜传奇门店迭代情况

门店迭代	迭代时间	具体改造
第一代	2015年6月	简约设计、高品质商品；靠近居民、折扣店
第二代	2016年3月	变货架陈列为纸箱（原始包装）陈列；畅销单品开始大面积陈列；提升净菜加工销售
第三代	2016年10月	采用品类"岛"式陈列；管理控制损耗；打造配菜经营模式升级
第四代	2017年8月	打造生鲜自动化配送中心；突出自有品牌；优化和增加冷链系统；配送中心功能增加
第五代	2019年1月	突出目的性品类，品类管理的闭环；开创蔬菜墙式陈列；增加商品的二维码
第六代	2020年6月	扩展品类边界，涉足新品类；生鲜全面标准化；软折扣做低价，大面积运用箱式陈列

续表

门店迭代	迭代时间	具体改造
第七代	2021年6月	门店运营注重传递烟火气；商品品类增加鲜活水产、农家菜品，减少休闲食品；管理上强化标准化操作；陈列上制造集市的销售氛围
第八代	2023年6月	加大自制和自有商品，进一步压缩常规货架，扩大冷冻和冷藏区

（三）生鲜传奇的农产品上行实例

岳西高山菜是生鲜传奇与安徽岳西县合作开发的特色品牌，目前在生鲜传奇的近200家门店以专柜的形式销售，包括高山茭白、高山四季豆、岳西小黄姜、岳西小香薯、岳西土辣椒等等（见图5-12）。这是响应政府助力乡村振兴、推动农产品上行的要求，同时也是生鲜传奇自身发展的需要。岳西蔬菜的开发不仅能让合肥的市民购买到纯正的岳西高山蔬菜，满足市民对特色菜、农家菜的需求，还可以让岳西农民获得长期稳定的收益。岳西蔬菜的成功开发得益于生鲜传奇的"自有品牌"核心战略、强大的供应链能力、科技赋能管理以及国家和当地政府的政策支持等多个方面。

图5-12　岳西高山菜品牌专柜

1. 打造自有品牌，实现产品反向定制

自有品牌是生鲜传奇的核心战略。生鲜传奇非常重视自有品牌的开发，拥有专门的自有品牌设计团队。生鲜传奇创始人王卫说："企业开发的商品，如果没有价值观，那商品就没有灵魂。生鲜传奇对自有品牌开发人员要求很严，一定要懂生活，开发人员首先是一个消费者，才能开发出更好的产品。很多企业把自有品牌开发作为战术级任务去完成，只是把自有品牌当成简单的一个贴牌商品，或者一个智商税产品，这样做最终会无疾而终，核心根本就是企业没有把自有品牌当成一种战略。"

作为大型平台企业，生鲜传奇在与岳西农户合作开发岳西蔬菜时，通过3个阶段来循序渐进地指导农户种植，实现反向定制产品、打造自有品牌，使开发的产品既能兼顾岳西地区特色，又最大限度贴合市场的消费者需求，达到企业、消费者和农户多方共赢。

第一阶段：选品（以农户为主）

岳西地处北纬30度，该处蔬菜品种丰富、山上温度低于山下，无需打药，无污染；平均海拔500~1 500米，昼夜温差大，蔬菜营养高，口感良好。第一年，生鲜传奇延续岳西本地的种植习惯，农户种什么就尽量收什么，通过实地走访面对面交流、召开农民座谈会等方式了解每个村的种植情况、人员情况、位置情况、环境情况等，主要目的是为后续种植筛选合适的品种和合适的人员。

第二阶段：定品（以生鲜传奇为主）

经过第一年的实地走访，生鲜传奇对每村环境情况、每户人员情况、蔬菜种植情况以及采收情况等都有了具体的了解，第二年开始根据市场需求和生鲜传奇自身标准规划种植方向，主要包括：固定种植村；确定种植基准（品种统一、用药标准、采摘标准、预冷保鲜、加工标准等）；与农户磨合，从采购到共建，逐渐引导农户按照生鲜传奇的标准去生产、保鲜、包装成商品，实现源头直采的"定制"。目前，生鲜传奇已经确定了15个品种，合作了8个村。

第三阶段：扩大规模（以政府支持为主）

在生鲜传奇规划好种植方向、规范农户种植标准后，农户生产出来的产品能够保障产品质量、符合市场消费者需求，接下来就需要扩大种植面积和建设基础设施来保障产品的生产规模和稳定供应。岳西政府通过给予配套资金支持来鼓励农户扩大种植面积，通过给予产业链扶持基金，如建设设施大棚、加工中心、包装设备、发展二产等方式来实现产业化。

2. 全流程数字化管理，实现产品高品质运作

生鲜传奇定位于高科技制造型零售企业，拥有自己的软件开发团队，开发了适应生鲜经营的"哪吒系统"，打通基地、厂商、物流、仓储、加工、门店和顾客的全链条；通过引入高科技设备、建立现代化物流中心和自动化生鲜加工中心等，缩短生鲜的流转时间和交接层级，保证生鲜的高品质运作。生鲜传奇已建立的全流程数字化管理模式，大大提升了岳西蔬菜在采购端和销售端的效率。

（1）采购端：科技赋能供应链改造，降低蔬菜损耗

生鲜的核心是温度控制，源头直采的核心是实现真正的供应链再造。生鲜传奇采用高科技解决预冷短板，解决蔬菜运输中的温度控制难题（见图5-13）。山村蔬菜最大的问题是运输，交通不便车程漫长，蔬菜在运输途中就烂掉了，要想"收得了，运得出"其实很难。要保障超市供应稳定，既要农民错位种植滚动起来，还要保障蔬菜冷链运输精准运转，将损耗降到最低。政府年年投资但始终不见成效，造成大量的资源浪费，其实是没有发现供应

图5-13 高科技隧道预冷机

143

链上的短板，也就是蔬菜的冷却问题。蔬菜刚采摘之后仍然会发生呼吸作用，蔬菜堆积会缓慢释放呼吸作用带来的热量，这个热量会使蔬菜腐烂甚至烫伤。传统的蔬菜预冷机要24小时，生鲜传奇投资的隧道预冷机只需要40分钟时间，将采摘下来4小时的蔬菜降温到休眠温度6~8℃，蔬菜就不会损耗，而且不需要使用市面上普遍使用的化学抑制剂。此外，由于蔬菜是预冷的，所以售卖周期比别家没有预冷的蔬菜更长，毛利更高。运输过程全程都在测温，从卡车里，到配送中心，再到公司门店，温度始终控制在6~8℃。不同品类蔬菜的温度还会有一些细节的不同，温度载荷的区别。

（2）销售端：科技赋能销售管理，提升产品动销率

生鲜传奇开发的哪吒系统（见图5-14）可以极大提高门店的销售管理效率。在门店订货方面，订单由具体的采购买手进行汇总，配送和运营通过系统可以看到单据，在采购的过程中可以随时和买菜人员进行联系，要求买菜进行减单或者调换商品，全程运营和物流是平行知晓的。在货架和商品管控方面，开发了可视化的货架管理软件、电子巡店系统、门店库存实时管控等。借助哪吒系统，生鲜传奇已经实现了优化自动订货、线上管理、去管理层等，通过技术赋能来解决生鲜小店毛利不可控等问题，极大提高了效率。生鲜行业动销率的标准是85%，生鲜传奇的动销率是100%，这都是技术带来的改变。

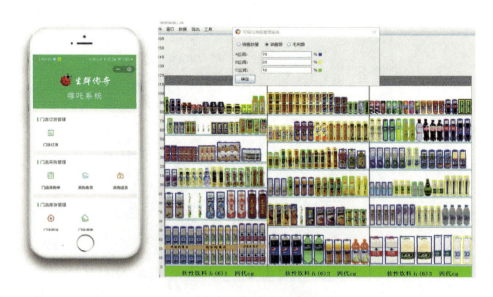

图5-14 哪吒系统：销售管理

3. 创新农超合作方式，实现农产品标准化

为实现产品标准化、确保产品稳定性，生鲜传奇创新了多种农超合作方式，来推动农超稳定合作。

（1）与当地政府、种植合作社三方合作推进

在岳西蔬菜的开发过程中，生鲜传奇在政府的支持下与当地种植合作社合作推进种植过程，达到三方的共赢。政府通过投入配套资金、引导发展以及升级基础设施等来实现扩大产业、带动当地农户致富的目标；种植合作社按照生鲜传奇提供的标准进行生产，提升产品品质以实现稳定收购，得到优质优价；生鲜传奇通过制定并贯彻落实最低保护价收购策略、种植标准、食品安全标准、采收标准、加工包装运输标准等来实现稳定货源和符合标准的产品的诉求。

（2）实施"一村一品""一品一人"责任制度

我国农民以自发种植为主，自发种植可能会存在几个问题：一是种植不规范，质量参差不齐；二是农民离市场很远，超市里卖什么农民根本不知道，种什么比较盲目会跟风；三是存在诚信问题，可能毁约或从外地调货以次充好，不利于长期的合作发展。为此，生鲜传奇实施了"一村一品""一品一人"责任制度，即在每个选定的村中选择一个带头人，由他进行组织，作为致富代言人，到这个村生产收购时就找这个带头人，同样出了问题也是追责到这个人，后面村内的事情就由这个带头人去协调处理。

（3）推动当地政府注册岳西高山菜商标

为了切实帮助农民，生鲜传奇推动当地政府来注册岳西高山菜的商标。在我国，品种是没办法注册知识产权、不被保护的，所以阳光玫瑰这些舶来品种会被大幅种植，质量参差不齐导致品牌受损。但是地名是受保护的，所以生鲜传奇考虑到加入地名来注册商标，如岳西高山菜、岳西黑猪，这是别人拿不走的地理标志。为了真正保障农户的权益、让农户放心种植，这些商标产权归合作社和当地政府共同拥有，生鲜传奇自身不拥有知识产权。

此外，生鲜传奇为了约束和激励农民，将农民的头像印在菜品的包装上，这也是其他人拿不走的，这么做之后，会对农民产生一种精神价值层面的约束和激励，农民逐利但更要面子，将其头像印在菜品包装上，可以激励他们主动地保护菜品的质量和诚信（见图5-15）。

图5-15　印有农户头像的蔬菜

（4）指导种植，过程监控，共同解决

首先，在种植前，生鲜传奇会事先评估种植能力、种植经验，以及土壤肥力、种子、水源等环境因子，通过与各地农科院等技术单位合作，引入先进技术，开发优良种子，改善产品品种，并指导农民如何种植，确保产品高产且符合标准。例如，生鲜传奇与安徽省农科院合作开发了岳西土辣椒；与江淮园艺种子公司合作开发了岳西高山南瓜；与广东省农科院合作开发了岳西高山甜玉米（见图5-16）。

图5-16　生鲜传奇与农科院合作开发品种

其次，在种植过程中，生鲜传奇给种植户提供种植标准和规范流程，进行食品安全管控和农残动态管控，以确保每批次合格。例如，蔬菜的质量安全中，风险最高的环节是农药。在和种植农户反复交谈之后，生鲜传奇发现食品安全问题的核心是，没有人教农民怎样去用药，农民之前往往是看天决定，有虫了就打药，长势不好就施肥，没有科学的体系和明确的标准。所以生鲜传奇给农民提供方法和规范，农药和化肥定量不能超额使用，农药化肥袋子用完后回收，从而保证用药规范的全程落实。蔬菜种植过程和采摘后都采样监测农药含量，发现问题或不良趋势及时追溯问题源头，迅速纠偏（见图5-17）。

图5-17　过程监控农户规范种植

最后，种植结束后，如若有产品不符合事先预设的标准，生鲜传奇和农户一起复盘种植环节，找出问题所在。比如，2023年8月，生鲜传奇的一批韭菜农残超标，生鲜传奇带领团队和农户一一复盘找出问题所在。

（5）保价收购，让利农户

生鲜传奇在收购农产品时切实保障农户的利益。比如，生鲜传奇采取保价收购的制度，即事先定一个基价，如果价格有波动，就等比例跟随。创始人王卫说："比如韭菜给农民6毛8一斤的基价，如果市场价下降一块，我就给农民降5毛收购，最低降到成本价4毛8；如果市场价上涨一块，我给农民涨8毛收购，最高上不封顶。现在市面上大多数蔬菜都是经过好几道手的，我们直接对接农户源头直采、绕开中间所有环节，给农民的收购价比他给一道贩子的价格能高出10%以上。但如何让农民提高收入始终是重中之重，需要让利农户。我们的需求是有稳定的蔬菜价格，稳定的蔬菜供给，消费者培育是一个长期的过程，我们要做到长期稳定的蔬菜采购。想要实现这个目的，核心就是要让农民赚到更多钱，稳定地赚钱，这样农户才愿意与你合作，按照你的标准种菜卖给你。"

4. 全链条政府支持，保障合作可持续性

生鲜传奇岳西高山菜的开发得益于当地政府的全力支持。首先，在项目开始前，岳西县政府与生鲜传奇多次联系，提供了优质的农产品资源；其次，在蔬菜的开发过程中，当地政府和种植合作社带领生鲜传奇团队实地走访面对面交流，召开农民座谈会来号召农民开展种植。王卫坦言："农民群体相对比较封闭，我们虽然超市做得比较大，但是到了农村，人家根本不认识你，你跟他谈收购，他可能都不敢卖给你，所以政府的引荐给了我们很大的帮助，比如县长、乡长、书记整个班子把村民们叫来开会，把合作推下去，要不然推不动。我们有需求，政府也有需求，他们村镇的农业投入了很多的资源资金做有机蔬菜，尽管进行了很多年，但是一直发展不起来，卖不出去，资源浪费，与我们合作后有了起色。"此外，当地政府还通过投入配套资金，升级基础设施（如主簿镇茭白基地升级育种设施），以及给农户补贴（如与生鲜传奇合作，每亩地奖励1000元）等方式推动项目的可持续发展。

（四）生鲜传奇的农产品上行启示建议

生鲜传奇通过大力开发自有品牌、持续整合供应链、实现科技赋能发展以及实施精细化管理等商业举措实现了助力农产品上行、引领行业发展、改善居民生活品质的多方成果。从国家层面，生鲜传奇扩大基地合作、推动商超对接、助力农产品上行等举措对国家实现乡村振兴战略、绿色发展战略以及扩大内需战略具有重要意义。从行业层面，生鲜传奇反向制订策略、供应链改造策略、高科技降低蔬菜损耗策略、农民合作策略、对接政府以及合作社策略为生鲜行业的其他企业解决农超对接中的难题提供了新思路，具有很强的借鉴意义。与此同时，生鲜传奇建立的农产品质量标准、新鲜度标准、低价标准也推动了整个生鲜行业向高标准迈进。从居民层面，一方面，生鲜传奇为城市消费者提供了优质、新鲜、低价的蔬菜，提升了城市居民的生活品质；另一方面，生鲜传奇为农村居民提供了稳定的创收来源，给农民带来了物质和精神上的双丰收。

总结生鲜传奇对岳西蔬菜项目的开发，可以得到以下几点关于县域商业建设中农产品上行的启示建议：

1.农产品上行需要依托大型平台企业来完成

在县域商业建设推动农产品上行过程中，如何保证食品安全、产品标准化、供应稳定性等一直是重点和难点问题。根据生鲜传奇岳西蔬菜开发项目可以看出，农产品上行必须依托大型平台企业来实现市场端和生产端两方面的协同高效。在市场端，一方面，需要有像生鲜传奇这样贴近消费者的大型企业平台，能够准确掌握消费者需求，从而驱动供应链上游环节优化。如果没有这样的大型平台，就不会存在指导种植教授种植，也就无法让农民持久地增加收入。另一方面，需要有像生鲜传奇这样具有优秀管理模式的大型平台，农产品上行整体供应链具有高效的管理效率，对农产品有大规模的吸纳和销售能力。在生产端，同样需要有像生鲜传奇这样具有雄厚技术、资金、管理实力的大型平台来引导生产。比如，生鲜传奇与各地农科院合作开发优良种子，不仅给当地农户带来经济收入，还保护了面临流失的农作物品种；而且，蔬菜从农村运输到城市过程中的冷却、加工等问题的解决也必须依托生鲜传奇已建立的强大供应链能力、数字化能力和物流加工能力。

2.农产品上行需要政府、企业和农户三方互利合作

农超合作的可持续性一直是农产品上行的另一重要问题。根据生鲜传奇岳西蔬菜开发项目可以看出，农产品上行需要达到政府、企业和农户三方的互利合作，才能真正实现多方共赢和可持续发展。在政府方面，当地政府有带动农户致富、发展地方经济的诉求，同时有国家或者上一级政府给予的助农政策和资金的支持。在企业方面，企业有扩大规模、满足消费者需求、实现增收、履行社会责任的诉求，同时具备成熟的管理能力和技术能力。在农户方面，农户具有增加收入、提高生活品质的诉求，同时拥有独特的种植环境和种植能力。因此，通过优化合作方式、创建互惠互利的合作模式可以实现农产品上行中的三方获益。根据生鲜传奇岳西蔬菜的成功模式可以看出，企业因接近市场，同时拥有着成熟的管理和技术能力，因此起主导作用；政府是政策的发起者和基础设施的建造者，可以起支持和协助作用；农户因拥有种植能力，是种植的实际操作者，可以起执行作用。

○ 第六章　县域商业发展的日本经验

在国际发达国家的县域商业发展历史经验方面，日本具有较高借鉴意义。一方面，日本与我国具有相似的文化背景和社会结构，相较于欧美地广人稀的"大农场"模式，日本由于人口密度和发展历史等方面的原因，其县域地区具有和中国类似的精细化农业生产和人口高度聚集的特点；另一方面，日本在人口结构方面比我国更早进入老龄化社会，特别是在边缘农村地区同样面临着老龄化严重、年轻人口流失以及经济衰落的相关问题。在这一背景下，不仅日本政府出台了大量政策用以鼓励县域的发展，企业和当地民众也采取了大量措施来试图减缓县域当地的衰落，以实现县域经济的振兴。为此，本章将围绕日本企业和居民在振兴县域商业方面的典型做法展开梳理，以期为我国的县域商业建设提供参考。

一、典型案例

（一）"自下而上"的特色文化挖掘，带来可持续的经济动力

为了振兴逐步衰落的边缘农村地区，大量的日本农村社区或是村庄自发性地举办了很多"自下而上"的文化艺术活动（Matanle，2007）。根据日本农村的实践经验可以发现，相较于政府和企业主导的大规模文化艺术展览活动，单个村庄"自下而上"的小型艺术活动更能为县域当地的经济注入可持续的发展动力（Qu和Joseph，2021）。

1. 御手洗町的"集体记忆"保护

御手洗町位于濑户内海大崎下岛东海岸，是日本外围社区面临人口减少、老龄化和农村经济衰退的典型代表。濑户内海位于日本本州、九州和四国三个主要岛屿之间，其范围内有大约 3 000 个小岛，其中十几个岛屿是日本最大的艺术庆典——濑户内三年展的举办场所。濑户内三年展目前已经成为日本政府振兴艺术旅游的成功典范，该展览每次都会吸引大量游客前来御手洗町观光旅游，极大促进了当地的旅游业和服务业发展。然而这种大型展览在当地每三年才能举办一次，如何在大型艺术活动的间歇期间维持当地文化旅游的可持续发展，成为当地居民共同思考的问题。

为解决上述问题，御手洗町尝试了很多种方案，其中以单个村庄为基础的"小而精"艺术活动起到了较为明显的积极作用（图6-1）。受到濑户内三年展的影响，御手洗町的100多个村庄自发建立了小型农村艺术节，这种小型农村艺术节以单个村庄独有的文化艺术为特色，每年轮流举办，通常持续时间为一周，有效填补了大型官方艺术活动的间歇期。相较于官方大型艺术活动"自上而下"的专业性和高门槛，各个村庄"自下而上"举办的小型文化艺术活动更具当地特色，内容不局限于艺术，还包括当地历史、建筑、文化遗产，主要目的是用于保护正在被遗忘的当地集体记忆。特别值得注意的是，

图6-1　御手洗町的海岛村庄

这些"自下而上"的小型艺术活动充分体现了当地居民通过有意义的社会参与，共同创造价值并实现共同发展。

2. 越后地区经济的春季复苏

村庄小型文化艺术展览的广受欢迎在一定程度上说明了这种"自下而上"的共同参与所能创造的价值，并且越来越多的人也注意到了其对县域经济振兴的作用。以日本越后地区为例，该地区长期受到人口减少的困扰。在过去的十年里，越来越多的年轻人选择迁徙到城市生活，再加上该地区经常发生地震和雪灾，严酷的生存环境加剧了年轻人的流失，使得现在绝大多数当地居民都是中老年的农民。

为了减缓越后地区的人口流出和经济衰退，东京艺术前沿画廊创立了ETAT（越后艺术三年展），来支持越后地区本地居民的生活方式（Kondo，2012）。这些艺术家以当地农民的幸福生活为创作灵感，来庆祝这种"人类和土地之间的共生关系"。他们试图根据每个村庄的特点创作不同的艺术作品，并期望通过这种策划艺术节的"低效"方法来拒绝城市同质化和不耐烦的社会心态。ETAT的使命不仅是将艺术品置于该地区的200个村庄中，而是要将其融入当地生态和社会景观之中。ETAT强调"人类是自然的一部分"。为贯彻这一理念，受邀的艺术家必须等到春天到来后才能开始工作，也正因如此，越后地区的经济在每年春天焕发活力（图6-2）。

图6-2 越后地区农村校园中的艺术展

随着ETAT的知名度不断提升，来自世界不同国家和地区的艺术家和游客被吸引前来。目前日本各地正在出现类似的小型艺术节，这些活动除了支持村庄的发展外，也为艺术家和年轻的城市人提供了重新感受正念和慢速生活的机会。

（二）打造县域文化吉祥物，数字化助力IP形象传播

1. 船纳西的"粉丝经济"

日本县域民众除了自发举办文化艺术展览以外，还积极利用自身文化特点，打造文化IP形象，并围绕该形象展开营销。通过提升IP形象的知名度，不仅传播了县域本土文化，更重要的是可以发展"粉丝经济"，吸引全世界范围内感兴趣的人前来参观和投资（Roger和Van，2019）。例如，日本千叶县船桥市的非官方吉祥物船纳西就是一个典型的县域文化IP形象（图6-3）。2011年，千叶县的一位居民决定为他们当地的企业创造一个形象，一只于公元138年7月4日在梨园里出生的梨子。这只吉祥物在被创造出来后，由于其可爱的形象，很快受到人们的关注，甚至有粉丝专门为它定制了一套吉祥服，从此以后船纳西就不仅仅是一个吉祥物，而是一个具有独特个性和真实生活的IP形象。为了让船纳西在推特上更受欢迎，千叶县的居民为它设计了各式各样的兴趣爱好，其中它对生活、特技和摇滚的热情迅速席卷了世界。

图6-3 船纳西的IP形象

　　船纳西的风靡全球对千叶县当地的经济发展起到了立竿见影的效果。以船纳西为主题的官方商店在船桥市的购物中心开业，吸引全世界的粉丝来到千叶县旅游和消费。消费者可以在船纳西主题商店购买带有船纳西形象的各种周边，从毛绒玩具到手表，甚至婴儿服装。在千叶县发现船纳西的形象对于当地宣传和经济发展的重要价值后，甚至帮助船纳西制作了相关的电视节目，在日本电视台播出。

2. 享誉世界的熊本熊

　　吉祥物熊本熊代表日本西南部九州地区的熊本县。它现在是"日本最受欢迎的熊"，吸引了全世界的人前来熊本县参观游玩。2011年，在日本各地的众多市政公关吉祥物中，熊本熊在全国人气投票中获得了第一名。此后，熊本熊出现在各种活动和产品宣传中，登上了日本代表性吉祥物的位置超越了都道府县的界限。

　　熊本县拥有丰富的自然、海鲜和农产品，例如世界上为数不多的火山口之一"阿苏山"。九州新干线全线开通前一年，熊本熊首次作为宣传人物亮相，向消费者宣传熊本县的魅力，该线连接九州省会城市和日本第二大城市大阪。

　　为了营销这个连熊本县居民都不太了解的新角色，熊本县政府首先实施了一项策略，引发了人们在网络上的参与与讨论。当地政府让熊本熊在没有事先通知的情况下出现在大阪市中心和旅游景点等人流聚集的地方，人们不禁好奇："这只熊是什么？"此外，通过使用社交媒体，在它的目击者中传播熊本熊的话题。熊本熊获得广泛认可后，熊本县知事根据熊本熊的虚构故事召开了一场严肃的新闻发布会，告知市民熊本熊从大阪失踪近一个月，他呼吁人们"寻找熊本熊"。

　　这一策略得到了良好的传播效果，熊本熊出现在报纸和电视等主要媒体上，使这个曾经默默无闻的角色通过互联网成为尽人皆知的IP形象（图6-4）。一年半后，在由来自日本和海外的349名当地吉祥物参与的网络人气投票中，熊本熊以277 000票的成绩夺得冠军。

　　除此之外，熊本熊还成为熊本县的公务员，以"营销经理"的身份开展活动，参加县内举办的旅游宣传，与县知事一起登上喜剧舞台等，在各个领域发挥着积极作用。

图6-4　熊本熊IP形象

　　赢得大奖赛后，熊本熊的人气也没有减退。现在，在日本随处可见与熊本熊有关的商品，包括百货商店、便利店和纪念品商店。迄今为止，已有超过10 000种商品被批准为带有熊本熊插图的卡通商品，如文具、衬衫和包袋，尤其是糖果。由于其商标使用不收取任何费用，每个月向该县提出的申请数量高达400件。2023年5月，德国一家公司在网上发布1 500只熊本熊玩偶时，仅5秒就被抢购一空。根据熊本熊的销量数据，其一年的相关商品销售额高达293.6亿日元。可以说，熊本熊IP形象的成功打造为熊本县创造了难以估计的经济价值。

（三）挖掘老年群体需求，促进县域商业发展

1. 打造适合老年人的消费环境和消费体验

　　在日本县域商业设施建设过程中，针对老年消费群体的特点，专门设计和打造了适合老年人的消费环境。以此为代表的商业成功案例莫过于日本的茑屋书店。在日本社会老龄化不断加深，特别是农村和县域地区老年人口占比日益升高的大背景下，如何把握老年群体的消费需求成为赢得商业竞争的关键。为此，茑屋书店管理层决定在代官山开一家专门针对老年消费群体的书店（图6-5）。

图6-5　日本茑屋书店代官山店内景

作为一家旨在为老年人提供服务的书店，茑屋书店专门针对老年用户的需求做出了大量调整。例如，代官山的茑屋书店深度挖掘"健康"主题，打造了日本最全的烹饪（医食同源）书籍卖场，来满足老年人对于健康饮食的需求。考虑到老年人比起活法更在意"死亡"的问题，茑屋书店还专门设置了宗教、哲学及讲述不同人活法的传记等类型书籍的专区。

另外，为了让60岁以上的人为时不长的余生能够活得快乐充实些，茑屋书店还特意准备了关于旅行、住宅、汽车等方面的书籍。考虑到老年顾客喜欢早起，茑屋以书店与咖啡厅的营业时间定为早7点。由于老年人的孩子们多已结婚成家，为了减轻他们的孤单感，茑屋书店还专门引入了带宠物医院的宠物店。为了照顾腿脚不便的老年人，茑屋书店还打造了售卖电动助力自行车的专卖店，以便他们轻松出行。为了让老年女性活得更加美丽，茑屋书店还开了美容院。为了方便有钱的老年顾客给儿孙买礼物，茑屋书店引入了国外环保玩具专卖店。为了方便喜欢摄影的老年人，茑屋书店内部还设置了相机专卖店。

在茑屋书店的不断努力之下，茑屋书店成为当地老年群体的一个重要休闲、社交和消费场所。茑屋书店代官山店对老年消费需求的准确把握不仅使其获得了巨额的销售收入，同时还在互联网上引起了人们的高度关注，使得很多非代官山的游客前来打卡，对当地经济发展起到了重要推动作用。

2. 加强县域的老年群体公共服务

伴随着农村人口老龄化，日本县域商业设施不仅仅承担商品流通供给的职责，同时还兼具为老年人提供诸如社交、健康和娱乐等公共服务的属性。然而，由于老年人本身消费能力有限，单纯依靠市场机制难以实现以上目标。为此，日本政府在县域商业发展过程中提供了大量支持，并在1961年出台了《农业基本法》，规定农村经济建设所需资金可通过财政预算提供投资、贷款和补贴，其中农村基础设施建设的4%由中央财政补贴。另外，日本还制定了《经济社会发展计划》，由财政拨款支持县域商业基础设施建设。

在此背景下，承担部分公共服务职能的商业营利性组织，如家庭保健诊所、社区医疗服务中心、护理中心和养老院开始越来越多地出现在日本的县域之中。例如，在轻井泽一家家庭保健诊所中，工作人员邀请当地老年人分享自己的智慧和技能，帮助他们保持大脑敏锐和社交能力活跃。此外，该中心的工作人员也鼓励老人们互相做饭，并教他人如何种植蔬菜和制作艺术品。这些企业或组织通过提供公共服务的方式，有效地将县域农村地区的老年人口组织起来，在便利县域老年居民日常生活的同时，也很好地促进了老年消费群体的需求释放，对整体县域商业的发展起到了助推作用。

不难发现，这些组织的一个共同特点是，它们满足了老年人的潜在需求，而不是要求他们迎合年轻人的生活方式，或是简单地过着被忽视的生活。日本的国家医疗保健系统在财政上支持这类新型的医疗保健模式，而且政府还投资于医疗以外的活动，帮助预防与衰老有关的疾病。以上措施有效提升了企业为县域老年消费群体提供公共服务的积极性，对县域的振兴起到了积极作用。

（四）发掘农村优质产品，培育县域特色品牌

1. 三重县的特色农场

三重县是本州本岛堪萨地区的一部分，有7个区和29个直辖市。三重县的经济依赖于制造业、海鲜产业和传统手工艺品，如伊贺辫子、四日市班科陶器、铃鹿墨水、伊贺陶器和伊势片上。三重县北部是许多制造业的发源地，主要是运输机械、制造业，如三菱、本田、五十铃，以及HEAVV化学工业和炼油厂。由于工业数量众多，三重县北部的国民生产总值高于其他地区。在三重县南部（南西地区），海鲜是其最大的产业，南三重县主要的商品供给是鱼干类产品，包括金枪鱼和梭子鱼。除了这些产业，三重还生产茶叶、牛肉、水果、养殖珍珠，总体来看，南三重县的经济比北三重县相对薄弱。为促进

南三重县的经济增长，当地政府采取了相关措施来支持当地发展特色农场和农产品品牌，最终成功实现了当地农村的振兴，并且带来了可持续的经济增长（Suindramedhi，2016）。

在三重县众多的特色农场中，较为出名的伊贺之里农场是一个典型的范例。伊贺市的位置位于三重县西部的山区，靠近京都县和滋贺县。最初，伊贺之里农场是由5名养猪户在1983年建立，那时他们主要以饲养伊贺猪为主营业务。这个小小的农场在当时并不出名，5名创始人为了能够有更高的收入，开始带动村子里更多的人加入动物养殖中，并在出售生猪的基础上，开始尝试生产并销售肉类加工品。随着时间的推移，这个农场发展成为一个大型的农业生产者合作社，为了能够进一步扩大生产，以及实现产品升级，他们寻求资本进入，建立了一个企业"Moku Moku火腿工厂"专门进行肉类加工。

在此之后，他们开始向村民教授手工香肠的制作过程，为当地村民提供了工作岗位。此外，他们还开设了"Moku Moku Tesukuri农场"，并雇用村民生产当地啤酒（图6-6）。在此基础上，他们在三重县四日市开设了第一家门店直接销售肉类产品。2011年，他们以"Moku Moku"为品牌开设了餐厅。目前，该公司已经拥有了七家餐厅（名古屋两家分店，大阪两家分店，三重县三家分店），三重县有四家礼品店分店，东京有一家零售分店。"Moku Moku"在数十年的发展中收获了大量忠实客户，品牌影响力逐步扩大。

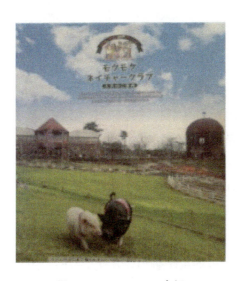

图6-6　Moku Moku农场

为了支持南三重县当地的发展，当地居民在政府支持下将伊贺之里农场建成一个农业主题公园，吸引人们前来来参观。Moku Moku农场凭借着其最出名的猪肉和啤酒，以及Moku Moku的品牌知名度，吸引了相当数量的游客前往伊贺北部。目前，Moku Moku农场还经营着许多自助式餐厅和商店。此外，该农场还开发了小屋过夜住宿，温泉水疗中心，了解农业、烹饪、烘焙和酿造啤酒的教育课程，宠物动物园和骑小马，以及出售农场产品的礼品店。其中一家特色餐厅以番茄为主题，大多数产品都是以番茄为基础的，广受游客的欢迎。

如今，Moku Moku农场拥有约45 000名会员，主要是从门店购买过相关产品的客户。该农场的收入包括网站销售、农场、餐馆和公园，所有的产品和服务都与"天然食品"和"手工制作"相关，形成了独特的"Moku Moku"农产品品牌。目前Moku Moku雇用了大量本地村民在农场中工作，该农场的年收入在51亿日元左右，其中30%来自公园，30%来自网站销售，40%来自餐厅，在提升了当地居民收入的同时有效带动了当地经济发展。

2. 小山市的大胆农业改革

日本小山市位于栃木县南部，是一个只有3 870人的日本丘陵小镇（图6-7），由于地势参差不齐，耕地十分稀缺，大型农业生产活动难以开展，该市受到日本二战后为缓解粮食短缺的政策影响，主要以种植水稻为主。但是种植水稻并不是小山市这样一个山地小镇的最佳方案，当地的居民收入和经济发展水平始终落后于周边地区。面对这种问题，时任小山市市长的八幡先生采取了一项大胆的举措，他决定推广农业木本作物，而不是简单的水稻生产，并强烈主张种植适合山地丘陵地区的梅子（日本李子）。但小山市的老一辈人不习惯这种转变，并且他们还担心培育新产品的风险，坚决反对这项农业改革。为了说服他们，八幡先生向当地居民展示了在小山地区种植梅子的优势，并且为了最大限度地降低种植梅子的风险，他介绍了基布兹系统，即由整个村子共同分担种植梅子的风险和收益。

在之后的三年时间里，小山市花费了70%的预算来引进和培育梅子树和板栗树，并提供必要的基础设施、技术和材料。此外，因为梅子的种植周期为4年，其间村民无法获得相应的收益，所以政府决定向种植梅子和栗子的农民支付工资，承担100%的苗木费用以及化肥农药费用，而且农民不必偿还任何这些补贴。

图6-7 小山市的旅游景点

在缺乏老一辈支持的情况下，八幡先生转而尝试让当地年轻人发现种植梅子的价值。于是他提出了一个新的口号"种梅子，去夏威夷"，即公费派遣种植梅子的年轻村民前往美国和以色列学习现代农业技术。

除此之外，八幡先生还十分重视梅子的销售，具体来说就是由小山合作社的负责人进行市场调查，然后安排合作社的农民每天将新鲜采摘的梅子送到超市。以木之花花园超市为例，梅子的销售价格由合作社确定，并由合作社向超市支付8%的利润用于空间租赁和销售费用，合作社自身收取12%的利润作为市场调查的费用以及支付物流费用，其余80%的利润留给农民。小山合作社不仅仅会在商品架上展示他们的产品，还在超市内开设餐厅，为顾客提供当地美食的同时展示本地的梅子产品。合作社还通过大分县的16个车站和52家当地商店组织销售。如今，小山梅子已成为日本家喻户晓的农产品品牌，其相关的衍生产品与服务充满了独特的地方特色，同时小山市也成为面向全日本和全球游客的知名旅游地点，极大促进了当地经济的发展。

二、案例总结

日本在经历数十年的城市经济高速发展后，其在县域和农村面临着和我国类似的人口老龄化和边缘地区经济衰落问题，从政府到企业，再到民间都积极尝试多种类型的方式来试图实现县域和农村的经济振兴，并且取得了一定的效果。通过以上日本的县域振兴案例，我们总结出如图6-8所示的策略框架。

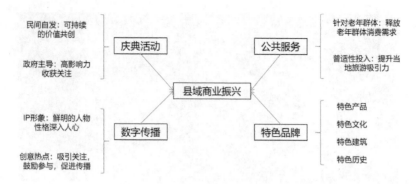

图6-8　日本县域商业振兴策略框架

具体来说，日本政府、相关企业和居民主要采取了四个方面的措施来实现县域商业的振兴：一是在当地特色品牌打造方面，挖掘当地的特色文化、历史、建筑和产品等，支持以村为单位的多样化发展，逐步使各个县、市、村形成自己独特的产品和品牌；二是开展数字化传播，利用个性鲜明且受人欢迎的IP形象，不断提升县域特色品牌的知名度和影响力；三是积极投入当地的公共服务，针对农村老龄化程度高的特点，改善公共服务供给水平，不断释放老年群体的潜在消费需求，并且普适性公共服务水平的提升也有利于提升当地对游客的吸引力；四是大力推广由官方主导的大型庆典活动，主要用于在短期内吸引游客并提升影响力，再配合"自下而上"的"小而精"艺术活动，为当地经济的可持续发展提供动力。

第七章　县域商业建设总结与展望

自2021年商务部等15部门发布《县域商业建设指南》以来，我国县域商业建设工作在两年中稳步推进，目前已取得初步成效，对于促进国内企业和区域经济发展，以及改善县域居民民生均有重要积极意义。

一、建设总结

（一）县域商业建设促进企业发展

1. 扩大国内市场需求，提供新的增长机会

中国县域商业建设在扩大市场需求和为企业提供新的市场机会方面取得了显著成效。县域是我国资源禀赋最丰富的区域，占据93%的国土总面积和70%的人口，市场潜力巨大。然而，由于基础设施的缺乏以及现有商业体系的不完善，我国县域市场开发水平较低，存在供给结构性失衡、居民需求无法释放等突出问题。经过近两年的大力建设，不仅我国县域商业环境得到了明显改善，市场需求的扩大也为企业提供了更多新的市场机会。

在近两年的县域商业建设过程中，一方面，随着政府对于县域基础设施的投资，县域商业网点的改造和兴建，以及农村电商的普及，一大批市场需求得到了释放，有效带动了当地工程、建材、能源和通信等产业链发展。另一方面，随着县域商业设施的建设，商业网点和商圈逐步投入使用，更多的县域居民有机会接触和购买种类丰富的商品和服务，释放了新的市场需求，为一般消费品生产企业和生活服务企业提供了更多的市场机会。

2. 促进县域企业的品牌建设，推动供给侧转型升级

中国县域商业建设在促进企业品牌建设和推动供给侧转型升级方面取得了显著成效。随着近两年县域商业建设的不断推进，县域市场的需求得到释放，更加多元化和差异化的需求为企业创造了机遇，提供了更广阔的舞台，对企业品牌建设和产业升级起到了积极的推动作用。一方面，县域商业建设为当地企业的品牌发展提供了平台和资源，使得县域企业有更多渠道来展示和推广自身品牌。另一方面，随着县域居民收入水平不断提升，消费升级的趋势明显，县域市场对于高质量和可信赖的产品、服务和品牌需求越发强烈。因此，企业需要通过提供更高品质、更具附加值的产品和服务来满足消费者的需求。此外，中国县域商业建设还注重挖掘地方特色和文化，鼓励本土企业发展和研发具有地域特色的产品和服务，提升本土品牌的影响力和竞争力，促进县域经济可持续发展。

3. 加速县域商业数字化建设，助力当地企业高质量发展

中国县域商业建设在加速企业数字化建设和助力企业实现高质量发展方面取得了显著成效。中国县域商业建设为企业提供了数字化转型的机遇。由于我国县域基础设施落后，再加上企业技术应用意识不足，大量农村商业网点和县域企业仍然保持着传统经营方式。随着近两年县域商业建设的不断推进，电子商务平台、网络直播带货、移动支付系统等开始在县域市场逐步普及，政府部门也在帮助农村企业改造基础设施，并鼓励其积极应用新技术。越来越多的县域企业在电商平台上建立线上销售渠道，加强与消费者的互动和交流，增加销售额。同时，农村零售网点和农村企业也纷纷开始使用数字结算系统及数据分析和管理工具，不断优化供应链和生产流程，推动县域当地企业高质量发展。

（二）县域商业建设促进区域发展

1. 促进农村经济发展，增强国内经济韧性

县域经济是国民经济的基本组成单元，具有鲜明的地域特色和功能完备性，是中国经济发展的重要基础。县域商业建设近两年通过提供投资、技术和就业机会等多方面的支持，不断扩大国内市场需求，推动农村经济的转型升级，为国内经济的稳定发展提供了保障。

首先，中国县域商业建设为农村经济发展提供了市场空间和增长渠道。通过建设和发展农村商业基础设施、完善农村物流体系、普及农村电商等，县域商业为农民提供了更广阔的市场销售渠道。县域特色农产品可以通过完善的供应链和冷链物流进入当地的超市、商场、社区团购、直播电商等渠道进行销售，实现线下线上的双重渠道拓展。

其次，中国县域商业建设促进了农村产业升级和农民就业创业。通过引导农村产业结构调整和农业科技创新，县域商业的繁荣帮助传统的农业生产转向农业加工、农村旅游、农村电商等领域。这不仅提升了农产品的附加值和竞争力，还为农民提供了更多就业创业机会。同时，在县域商业快速发展的两年中，地方政府还通过开展各类培训和技术支持，提供农业科技服务和农村创业孵化平台，为农民提供技术指导和创业支持，激发农民的创新和创业能力。

总之，通过提供市场空间和增长渠道、促进农村产业升级和农民就业创业，以及鼓励乡村旅游和文化产业发展，县域商业建设为农村经济注入了新的活力和动力，有效促进了我国农村经济的发展。

2. 促进区域均衡发展，缩小城乡差距

首先，中国县域商业建设改善了农村商业、物流和金融基础设施，提升了区域竞争力。随着县域商业体系的不断完善，通过农产品加工、乡村旅游、农村电商等方式，促进了农村经济的发展，有效缓解了资源的闲置和浪费。同时，县域商业也为县域内的各个产业链提供了衔接和支撑，推动了区域经济的协同发展。通过建设和发展县域商业，不仅能够充分发挥县域的资源潜力，还能够实现资源的优化配置，促进各个地区的互补和合作，推动区域经济的均衡发展。

其次，县域商业建设促进了农村就业机会的增加，缩小了城乡收入差距。在县域商业建设的推动下，农村地区出现了越来越多的商业网点、乡村特色产业园、特色小镇等，为农民提供了就业和创业的机会。农民可以通过参与农产品加工、乡村旅游、乡村电商等领域，实现自身经济增长和收入提升。这不仅解决了农村就业问题，也提高了农民的生活水平，有力地缩小了城乡收入差距，对于实现乡村振兴具有重要意义。

3. 助力产业结构升级，促进绿色生态发展

县域商业建设通过引导和推动农村地区产业的转型升级，倡导和实施绿色发展理念，对推动农村可持续发展和构建绿色生态保护屏障具有重要意义。例如，通过引进绿色农业种植技术、农产品加工技术以及环境保护技术，既提高了产品的附加值和市场竞争力，也淘汰了对环境破坏较大的落后产能，推动县域经济的可持续发展。另外，在县域商业建设的推动下，乡村地区的绿色发展和生态保护也得到了有效推进。例如，在乡村旅游的发展过程中，一些地方注重生态环境保护，通过修复山林、湿地等自然景观，打造生态农庄和环保度假村，实现了旅游业发展与生态环境保护之间的良性互动。

（三）县域商业建设促进个体发展

1. 丰富农村商品供给，满足个体多元需求

随着我国县域商业建设不断推进，更加丰富和多样的商品与服务在县域市场流通起来，新建的商业基础设施为县域居民提供了更广泛的选择和便利的购物环境，有效提升了县域市场的供给质量，促进了当地市场消费升级。

同时，县域商业建设也促进了农村居民生活方式的改变和拓展。县域居民正在从单一的农业生产转向多元化的消费活动。农村商业网点的建设不仅提供了购物机会，还提供了丰富的生活服务和精神文化服务，融入了娱乐休闲、文化体验等元素，为农村居民提供了更多样化的生活方式选择。在县域商业持续发展的背景下，农村居民可以拓展自己的休闲娱乐方式，体验不同文化和风土人情，从而提高生活品质。

2. 推动基础设施建设，提高人们生活水平

县域商业建设通过加大基础设施建设投资，极大完善了农村地区的物流网络和供应链体系，提高了居民的收入和生活品质，促进了农村地区的发展。近两年来，县域商业建设重视传统农村商业网点的改造升级、农村物流网络的完善，以及城乡间商品流通渠道的顺畅。特别是，农村物流网络的逐步完善以及农村商业网点的改造升级，使得农村居民的消费更加便利，并且也有利于其获得更优质的服务体验，有效提升了县域居民的生活品质。

同时，县域商业建设也带来了农村地区其他公共服务设施的建设和改善。例如，在县域商业设施建设的同时，一些教育培训机构、养老服务机构、公

共文化广场、医疗卫生服务设施也配套建设起来。以此为基础，县域的生活类服务、精神文化类服务越发丰富。这些基础设施的建设和改善，为农村地区提供了更好的公共服务和社会保障，促进了居民生活水平的提高。

二、未来展望

（一）县域商业的未来发展趋势

1. 人工智能和数字化发展加快

人工智能和数字化在世界各国的商业发展实践中正逐渐展现出巨大的潜力，以美国和欧洲为代表的发达国家通过引入智能化技术和系统，实现了商业流程的自动化和智能化。例如，智能物流系统可提高物流效率，节约运输时间和成本；智能客服系统可以对顾客的问题进行自动回答，提供更高效便捷的服务；智能仓储管理系统可以优化仓储布局和库存管理等。随着人工智能技术的快速发展，县域商业发展链条中的各个环节都将受到深刻影响。

同时，县域商业发展也越发依赖数字技术对市场需求的准确分析、产品定制和精细化运营。数字化手段如大数据分析、云计算、电子商务等，为县域商业建设提供了更广阔的发展空间和创新潜力。此外，全球县域商业建设在人工智能和数字化的发展趋势还体现在推动新兴商业模式的兴起。例如，民宿和酒店的共享经济模式（如Airbnb爱彼迎）极大促进了农村文化旅游行业的发展。

总的来说，人工智能和数字化的发展趋势对全球县域商业建设产生了深远的影响，并且这一趋势还在不断加快，将进一步推动县域商业建设的升级和转型，实现更高效、智能和可持续的发展。

2. 品牌和创意经济价值凸显

品牌化和创意经济的发展是全球各国县域商业建设中的重要趋势。在当今竞争激烈的商业环境下，县域商业建设通过品牌化和创意经济的发展，能够提升产品和服务的竞争力，增加附加值，并为经济增长和地方发展做出贡献。

首先，品牌化是县域商业发展的必由之路。县域商业建设通过挖掘本地特色和资源，打造地方品牌，推动农产品、手工艺品和旅游资源等的品牌化进程，有效扩大销售渠道，吸引更多的消费者和投资者，带动经济的发展。例如，法国的红酒产业、美国的新奇士橙子、新西兰的佳沛奇异果等都是品牌化的典范，成功地将本地特色产品转化为国际知名品牌，成为当地经济增长的重要引擎。其次，创意经济在全球各国商业建设中的发展也越来越重要。通过艺术设计、影视制作、音乐、文化活动和数字媒体等，带动相关产业链的发展，创造就业机会，并促进当地文化和创意产业的繁荣。例如，日本熊本县的熊本熊已经成为全球知名IP。

综上所述，全球各国县域商业建设中的品牌化和创意经济的发展趋势越来越明显。品牌化可以提高产品和服务的知名度和认可度，增加销售收入和利润。创意经济的发展则为县域商业建设带来新的经济增长点，促进经济结构的转型和升级。

3. 农业在地化受到重视

农业在地化是全球各国县域商业建设中的重要发展趋势。农业在地化强调农产品的本地生产和供应，鼓励消费者购买本地农产品，以支持本地农民和农业发展。其中以日本的地产地销模式最具代表性，这一趋势对于改善食品安全、促进农业可持续发展和提升本地经济至关重要。

首先，农业在地化有助于提高食品安全。农业在地化鼓励本地农民和农业生产者采取可持续的农业管理和生产方式，减少农药和化肥的使用，推动有机农业的发展。本地农产品在本地市场销售，消费者可以更直接地了解食品的生产过程，提高对食品安全和可追溯性的信任。

其次，农业在地化促进了农业可持续发展。本地农产品的生产和销售减少了长距离运输和存储，降低了能源消耗和碳排放。该趋势鼓励本地农民采用自然农法、循环农业和温室技术等创新方法，提高农产品的产量和品质。此外，农业在地化可以减少食物浪费和过剩产能，提高资源利用效率，实现农业可持续发展和生态保护。

最后，农业在地化有助于促进本地经济的发展。通过购买本地农产品，消费者可以直接将资金投入本地农业，支持农民和农业企业的发展。同时，本地农业的发展也创造就业机会，促进了当地就业和经济增长。县域商业建设可以通过建立农业合作社、农产品市场和农业旅游等形式，打造本地农业品牌，吸引游客和消费者前来购买本地农产品，为当地经济注入活力。

4. 文旅和养老产业布局

随着人们对生活品质的追求和老龄化社会的到来，文化旅游和养老服务成为县域商业的重要增长点，为县域经济发展提供了新的机遇。

首先，文旅产业在县域经济中的作用日益明显。文化旅游业不仅为县域带来了经济收益，还提升了地方的知名度和形象。通过挖掘和保护本地的历史文化遗产、自然景观和民俗文化，县域可以打造独特的旅游品牌，吸引更多游客和投资者。

其次，随着人口老龄化的加剧，养老服务成为一个巨大且迅速增长的市场。县域相较于城市拥有天然的环境优势，可以通过提供优质的医疗、健康、居住和旅居服务，满足老年人日益增长的需求。作为老龄化问题突出的日本，其在发展县域商业过程中充分考虑老年人的需求，深入开发银发市场，并因此反而使得县域经济在社会老龄化趋势中取得了良好发展。在全球各国县域商业建设中，发展文旅和养老产业不仅可以带来经济效益，还能提升地方形象，促进文化传承，增强老年人的幸福感。

5. 绿色生态与可持续发展

绿色生态可持续发展是全球各国商业建设的重要趋势。首先是绿色能源的应用，包括在县域建设中积极探索和引入绿色能源技术，如太阳能、风能、生物能等。通过发展清洁能源产业和建设绿色能源基础设施，减少对化石燃料的依赖和温室气体排放，实现低碳经济和可持续能源发展。

其次是循环经济模式的推广。循环经济强调资源的再利用和回收利用，通过减少废物产生和开发废物再利用的产业链，实现资源的有效利用和延长利用。通过建立废物分类、回收和再加工处理设施，推动循环经济产业的发展，减少对有限资源的需求，降低环境污染。

（二）我国县域商业建设的未来工作

1. 加大县域商业基础设施建设

首先，需要加大基础设施建设的资金投入。县域商业建设需要大量资金来支持基础设施的建设和完善。政府和企业可以通过各种方式，如加大财政投入、引入社会资本和吸引外资等，提供更多的资金支持。同时，还可以推动金融机构创新金融产品和服务，为基础设施建设提供融资支持。

其次，需要完善基础设施建设的规划和管理。要实现县域商业建设的可持续发展，需要制定科学合理的基础设施规划，充分考虑经济发展需求、资源环境承载能力和社会发展要求。同时，要加强基础设施建设的管理，健全规范的项目评估、审批和监管体系，确保工程质量和安全。

再次，需要加强基础设施建设的技术创新和智能化应用。随着科技的不断进步，基础设施建设也应紧跟时代潮流。在县域商业建设中，可以加大对新材料、新技术和新装备的研发和应用，提高基础设施的质量和效益。同时，可以推动基础设施建设与智能化技术的深度融合，提升基础设施的智慧化水平，为县域商业发展提供更多便利和支持。

最后，需要加强基础设施建设的协同配套。基础设施建设的各个领域和项目之间需要进行协同配套规划和建设，形成完整的基础设施体系。例如，农村商业网点和物流中转仓之间的建设要相配套，以保障农村商业网点在建成后有相应的供应链物流体系实现商品流通。

2. 大力培育县域本地品牌

首先，需要加强品牌定位和市场调研。县域商业在培育本地品牌时需要明确品牌的定位和特色，发掘本地的经济、文化和资源优势，以找准目标受众和市场需求。同时，通过市场调研了解消费者的需求和偏好，为品牌定位提供有效的参考，并根据市场需求不断优化和调整品牌策略。

其次，需要加强品牌的创意设计。在县域商业建设中，通过创新的产品和服务，以及独特的品牌形象和标志，可以提升本地品牌的知名度和竞争力。要鼓励创新创业活动，推动本地企业进行技术创新、产品创新和商业模式创新，不断满足消费者的需求，并提供与众不同的品牌体验。

再次，需要加强品牌营销和推广。县域可以鼓励本地企业通过多种途径进行品牌营销和推广，依托本地传统文化、历史遗产、自然景观等特色资源，打造独特的品牌故事和文化内涵，吸引消费者的关注和认可。同时，还可以利用互联网和数字化技术开展线上推广，扩大品牌影响力和市场份额。

最后，还需要加强品牌保护和质量监管。县域在培育本地品牌时，需要加大对知识产权和品牌形象的保护力度，防止侵权和假冒伪劣产品的出现。同时，要加强质量监管，提高产品质量和服务质量，保证本地品牌的信誉和声誉。

3. 促进文旅养老和生活服务产业发展

首先，需要加大对文旅和养老产业的政策支持。县域可以制定一揽子支持政策，包括财税优惠政策、用地政策、人才引进政策等，吸引和扶持文旅和养老产业的发展。政府可以提供财政补贴、项目资金和低息贷款等金融支持，为企业和机构的发展提供资金保障。

其次，需要提升文旅和养老产业发展的基础设施建设。在发展文旅产业方面，需要加强旅游基础设施建设，提升旅游景区的服务水平和市场竞争力。同时，在发展养老产业方面，需要建设养老院、康复中心、医疗保健设施等基础设施，满足老年人的生活和养老需求。还需要建设便捷的交通网络，提高文旅和养老产业的连接性和可访问性。

再次，需要加强文旅和养老产品和服务的创新与宣传。县域商业建设可以鼓励本地企业和机构开发创新的文旅和养老产品，满足不同消费群体的需求。可以通过举办文化节庆活动、打造非遗文化项目、开发特色旅游线路等方式增加知名度和市场份额。

最后，需要加强文旅和养老产业的人才培养和技术支持。县域可以建立专业化的培训机构和平台，加强对从业人员的培训和技能提升。同时，要引进高端人才和专业团队，提供技术支持和指导，促进文旅和养老产业的技术升级和创新发展。

4. 推动数字技术在县域商业中的应用

第一，需要加强基础数字技术的应用。在县域商业建设过程中，要重视数字技术的应用，如大数据分析、云计算、人工智能、物联网等，支持县域本地的商业运作和运营决策。通过加强对数据的采集、存储、分析和利用能力，可以提升企业的管理效率，提高产品和服务的质量，促进县域商业的创新和升级。

第二，需要加强电商平台和数字化渠道的建设。县域商业要积极建立电商平台和数字化渠道，为本地企业提供在线销售和服务的机会。可以通过开展电商培训、提供技术支持和借助电商平台，帮助县域企业开展电商活动，拓展市场和销售渠道。同时，加强线上线下的融合发展，提供更加便利的购物和消费体验。

第三，需要加强数字化支付和金融服务的推广。县域商业建设可以推动数字化支付方式的普及和应用，如移动支付、电子钱包等，提高支付的安全性和便捷性。可以与金融机构合作，开展金融创新，推动金融服务的数字化和智能化，为县域商业的发展提供金融支持和服务。

第四，需要加强数字化营销和智能化推广。在县域商业发展过程中，要鼓励企业利用数字化营销工具和平台，如社交媒体、搜索引擎等，进行产品和品牌的宣传和推广，依托人工智能技术实现个性化推荐和精准营销，提高广告和营销的效果。通过精细化的数字化营销策略，提升县域商业的知名度和市场占有率。

第五，需要加强数据安全和隐私保护。在加强数字技术应用的同时，还要注重数据安全和隐私保护。县域商业建设需要建立健全的数据安全管理制度和技术防护体系，保护消费者和企业的信息安全。同时，要加强对个人信息的保护，遵守相关法律法规，保障用户的隐私权益。

5. 培养绿色生态的可持续发展理念

首先，需要加强绿色节能和环保技术的应用。要积极推动绿色节能技术的应用，如太阳能、风能等可再生能源，减少对传统能源的依赖，降低能源消耗和碳排放。同时，倡导和推广环保技术和设备，如污水处理、废弃物处理等，减少对环境的负面影响。

其次，需要加强绿色供应链管理和循环经济发展。要推动企业和机构建立绿色供应链管理体系，鼓励采购符合环保标准的产品和材料，提高整体供应链的可持续性。同时，要倡导和推动循环经济的发展，通过资源回收、再利用和再生产，减少资源浪费和环境污染。

再次，需要加强生态旅游和有机农业发展。要发展生态旅游项目，保护和修复自然生态环境，促进旅游和环境相融合的发展。同时，在农业方面，采用可持续的农业生产方式，推广有机农业、生态种植等，提高农产品的品质和安全性。

最后，需要加强环境监测和保护。为实现县域经济和环境保护的协同发展，构建绿色生态屏障，应建立健全的环境监测体系，加强对县域空气、水质、土壤等环境指标的监测和评估。通过环境监测数据的分析和共享，及时采取措施，预防和治理环境污染问题。同时，加大环境保护力度，保护自然生态环境和生物多样性。

参考文献

［1］张庆亮.中国共产党百年合作社实践与探索：发展历程、经验教训与未来展望［J］.学术界，2021（6）：16-29.

［2］王军，李霖，苑鹏.中国共产党领导下的供销合作社百年演进及基本经验［J］.学习与探索，2021（10）：106-113.

［3］赵晓颖.万村千乡市场工程实施策略研究［J］.商业经济，2013（8）：15-17.

［4］常晓村."万村千乡市场工程"：扩大内需的重要支撑［J］.求是，2012（13）：36-37.

［5］何珮珺，谭词.电子商务与乡村经济韧性——基于"电子商务进农村综合示范"政策的经验证据［J］.中南财经政法大学学报，2023（1）：97-108.

［6］王鹤霏.农村电商扶贫发展存在的主要问题及对策研究［J］.经济纵横，2018（5）：102-106.

［7］张茂槐.县域商业体系建设促进农村消费提升［J］.农经，2021（6）：59-63.

［8］孙永立.商务部副部长王炳南解读县域商业体系建设［J］.中国食品工业，2021（10）：35-39.

［9］王飞飞.新中国供销合作社经营演变研究（1949—1965）［D］.兰州：兰州交通大学，2022.

［10］张亚瑛，张亮亮.完善农村现代流通体系建设的对策研究——基于对河北省"万村千乡市场工程"实施情况的调查研究［J］.安徽农业科学，2014，42（7）：2132-2133，2136.

［11］师建兰."万村千乡"市场工程对农村消费的影响及对策研究——

以甘肃省为例［J］.湖北经济学院学报（人文社会科学版），2016，13（2）：32–33.

［12］郑勇."万村千乡市场工程"整体状况分析［J］.合作经济与科技，2021（16）：74–75.

［13］卢盛峰，洪靖婷.乡村电子商务建设与区域协调发展——来自中国电子商务进农村试点的证据［J］.经济评论，2023（5）：71–88.

［14］黄承伟.论乡村振兴与共同富裕的内在逻辑及理论议题［J］.南京农业大学学报（社会科学版），2021，21（6）：1–9.

［15］郭爱君."双循环"格局下县域经济发展的新思路［J］.人民论坛，2021（2）：34–37.

［16］张俊娥.中国县域商业网点总量布局的统计评价［J］.统计与决策，2018，34（20）：90–94.

［17］张俊娥，王丹，李明.县域商业网点布局与城镇化质量的耦合关联分析［J］.统计与决策，2018，34（5）：103–106.

［18］徐凌云.我国县域商业网点布局存在的问题及对策［J］.经济纵横，2005（9）：34–36.

［19］斯丽娟，曹昊煜.县域经济推动高质量乡村振兴：历史演进、双重逻辑与实现路径［J］.武汉大学学报（哲学社会科学版），2022，75（5）：165–74.

［20］谭静.发挥县域消费在经济恢复中的拉动作用［J］.财政科学，2023（7）：85–93.

［21］郭玉冰，鲁锦涛，许冰.典型农产品流通渠道借鉴与启示［J］.世界农业，2020（8）：86–92，113.

［22］本报评论员.让市场主体多起来大起来活起来强起来［N］.云南日报，2022–06–04（001）.

［23］洪晓兵，王文先.现代农村商贸流通体系的发展［J］.商业文化，2017（23）：31–37.

［24］贾佳.我国农村商贸流通主体缺失现状及培育措施［J］.农业工程，2018，8（9）：133–135.

［25］张如意，张鸿.城乡统筹视角下农村商贸流通主体的培育［J］.商业经济与管理，2011（10）：27–32.

［26］贺永泉.我国城乡商贸流通体系建设的制约因素与支持系统建设［J］.改革与战略，2017，33（8）：123-126.

［27］董蓓.激发消费活力 做强县域商业［N］.光明日报，2023-08-24（015）.

［28］景远.促农民增收消费提质 县域商业三年行动启动［EB/OL］.［2023-09-15］.http：//tuopin.ce.cn/news/202308/16/t20230816_38674839.shtml.

［29］常瑞民.2022."重振基层供销社，不是要回到计划经济时代［EB/OL］.［2023-09-15］.https：//m.thepaper.cn/baijiahao_20595813.

［30］金观平.推动县域商业高质量发展［N］.经济日报，2023-08-22（001）.

［31］中国社区商业工作委员会.2021—2025年中国社区商业"十四五"发展规划指引［Z］.2021.

［32］韩婷婷.城乡双向电商物流体系存在的问题与对策分析［J］.广东蚕业，2021，55（10）：138-139.

［33］张爱阳.公共政策执行缘何失真［J］.探索与争鸣，2006（2）：31-2.

［34］贺东航，孔繁斌.公共政策执行的中国经验［J］.中国社会科学，2011（5）：61-79，220-221.

［35］邓大才.从"想法"到"做法"：政策过程中的自由裁量权与民主决策——全过程人民民主与地方经济工作会议报告的形成［J］.社会科学战线，2023（8）：180-191.

［36］叶敏，熊万胜."示范"：中国式政策执行的一种核心机制——以XZ区的新农村建设过程为例［J］.公共管理学报，2013，10（4）：15-25，137-138.

［37］程国强.我国农村流通体系建设：现状、问题与政策建议［J］.农业经济问题，2007（4）：59-62.

［38］宋宇.城乡双向流动的物流体系建设面临的问题及对策［J］.经济纵横，2011（3）：32-35.

［39］陈以军，周成炜，刘焙杰，等.数字化改革背景下县域商业体系建设助推打造共同富裕样本——以浙江安吉电子商务进农村示范项目为例［J］.现代商业，2022（19）：9-12.

［40］杨守德，张天义.双循环格局下县域商贸流通业现代化高质量发展研

究［J］.商业经济，2021（8）：51-52，62.

［41］李霜霜.县域流通视域下农村消费市场智能营销模式构建［J］.商业经济研究，2021（2）：115-118.

［42］卢毅鸣.乡村振兴背景下河南县域经济的高质量发展探究——以孟津县为例［J］.老字号品牌营销，2022（7）：21-23.

［43］刘丽娟.基于云仓模式的县域商业集采集配系统的构建［J］.物流工程与管理，2022，44（10）：38-40，28.

［44］QU, MENG, AND JOSEPH M C. Community art festivals and sustainable rural revitalization［J］. Journal of Sustainable Tourism, 2021, 29（11/12）: 1756-1775.

［45］MATANLE, PETER. Organic sources for the revitalization of rural Japan: The craft potters of Sado［J］. Japanstudien, 2007, 18（1）: 149-180.

［46］KONDO, JUNKO. Revitalization of a community site-specific art and art festivals: a case of art site Naoshima.［D］. University of Jäväskylä, 2012.

［47］ROGER, VAN GINHOVEN SAM. Attracting International Tourists through Mascot Awareness［D］. Ritsumeikan Asia Pacific University, 2019.

［48］SUINDRAMEDHI, SAIFON. The development of community enterprise: A case study of Moku Moku farm in Mie prefecture［J］. Rangsit Journal of Social Sciences and Humanities, 2016, 3（1）: 33-48.